核心素养导向的
小学班本课程的实践研究

HE XIN SU YANG DAO XIANG DE XIAO XUE BAN BEN KE CHENG DE SHI JIAN YAN JIU

陈密芝　著

中国海洋大学出版社

· 青岛 ·

图书在版编目（CIP）数据

核心素养导向的小学班本课程的实践研究 / 陈密芝
著 . -- 青岛 : 中国海洋大学出版社，2021. 9
ISBN 978-7-5670-2936-1

I. ①核… II. ①陈… III. ①课程－教学研究－小学
IV. ① G622. 3

中国版本图书馆 CIP 数据核字（2021）第 189560 号

出版发行	中国海洋大学出版社
社　　址	青岛市香港东路 23 号　　　　邮政编码　266071
出 版 人	杨立敏
网　　址	http://pub.ouc.edu.cn
电子信箱	yyf_press@sina.cn
订购电话	0532－82032573（传真）
责任编辑	杨亦飞　　　　　　　　　电　　话　0532－85902533
印　　制	青岛中苑金融安全印刷有限公司
版　　次	2021 年 11 月第 1 版
印　　次	2021 年 11 月第 1 次印刷
成品尺寸	170 mm ×240 mm
印　　张	12. 75
字　　数	200 千
印　　数	1—1 000
定　　价	38. 00 元

给自己一个承诺

梅子涵说:"每一个孩子,每一个人,都可以行走着踏出脚下的诗,生命终究应该是诗。"是的,生命应该是诗。尤其是教育,是育人的职业,教育者心中更应有诗和远方。

生命不是对既有状态的重复。过去的时光在重复的机械劳作中已过。虽然过了专业最佳生长期,但我仍想试试:让生命以另一种姿态呈现,在生命的秋天里奏响春天的乐曲。

魏书生说:"我属于愿意当班主任的那类教师,我总觉得,做教师而不当班主任,那真是失去了增长能力的机会,吃了大亏。世界也许很小很小,心的领域却很大很大。班主任是在广阔的心灵世界中播种耕耘的职业,这一职业应该是神圣的。愿我们以神圣的态度,在这神圣的岗位上,把属于我们的那片园地管理得天晴日朗,以使我们无愧于自己的学生,以使我们的学生无愧于生命长河中的这段历史。"

人生就是一次载着梦想的旅途,前方有未曾预约的精彩。

最浪漫的事莫过于在人生的冬天将教育沿途的春花秋月和嶙岩险滩化为恒久的文字,一遍遍地翻看写给自己的这些陈年旧事,仿佛如昨。笑和泪在这一瞬间凝成了温暖的记忆,似一只清远的笛,总在寂寥的日子里响起。琅琅的书声从教室里飘出来,操场上的欢乐声在奔跑,餐桌前的呢喃细语在传递……仿佛听到了自己温柔的呼唤,仿佛目睹了自己咆哮课堂、暴怒如狮的恐怖……夜的钟声在敲打我的无眠,逝去的日子里依旧保存着鲜活的景象。犹如重温生命中那一段曾经十分熟悉的内心律动以及无法言说的美好，褪色的心情一下子鲜艳起来；又像多年以后，邂逅一位知音，在柔和的灯光和曼妙的音乐中与其细诉别后的风尘。

人生有许多意想不到，不曾想过当教师，却做了教师。一旦选择了，就义无反顾、全力以赴，而且做得专注、倾心，沉浸在教育时光里，不能自拔。上了师范，就注定了与教育相守。用欣赏的眼光看学生，学生是可爱的；用欣赏的眼光看教学，教学是有趣的；用欣赏的眼光看自己，自己是快乐的。且行且赏，一路旖旎风光。三尺讲台，一世情缘。郑重地给未来的自己一个承诺：用自己的故事定义和强化自己的世界观，坚定而执着。不做凌霄花，借他人的高枝炫耀自己，做一只痴情的蝉儿，为绿荫重复单调的歌曲，为夏日骄阳助燃一份火烈，在平淡中创造几多妖娆。做最好的自己，才是最幸福的。

一直在寻找一个生命的出口。20 年遥望，路漫漫。望穿秋水，如今终于走出了四角天空，视野刹那间宽广起来，有种面向大海、春暖花开的感觉。本以为生命会一直这么黯淡下去，没想到生命的花在秋天绚烂。故事有了开端，还怕没有中篇和下篇吗？

当你翻看这些细碎的文字时，透过生涩、肤浅的记录，你是否从这些时光罅隙中，想起了自己的教育人生：那一张张笑脸，那一届届学生，那一堂堂课，那一份份师生情谊……是否像我一样慨叹："哦，那一段段流淌的教育时光"；是否像我一样茫然过，曾经将梦想和感动遗失在尘埃中；又是否在某个拐点重拾那份安然和阳光。

感谢所有爱我的人和我所爱的人，你们的帮助如无声的花朵，缤纷了小草的梦想；你们的激励如一记钟声，嘹亮了小草生长的方向！谢谢你们！

为什么我的眼里常含着泪水？因为我对这土地爱得深沉。默默守望在希望的田野上，迎着太阳走向远方。不去想是否果实累累，小草并不一定要成为大树才幸福。只要花枝春满，只要生命的河床上多一些美丽的鹅卵石，当年华逝去，可以坦然地对自己说"此生不悔"便足矣。

陈宏芝

2021 年 6 月

在前方,遇见更好的自己

喜欢余光中的诗,特别是这一首——《等你,在雨中》:

"等你,在雨中,在造虹的雨中/蝉声沉落,蛙声升起/一池的红莲如红焰,在雨中/你来不来都一样,竟感觉每朵莲都像你/尤其隔着黄昏,隔着这样的细雨/永恒,刹那,刹那,永恒/……步雨后的红莲,翩翩,你走来/像一首小令/从一则爱情的典故里你走来/从姜白石的词里,有韵地,你走来。"

喜欢诗中唯美的意境。怀着这样一种心情,每天怡然地走进校园,走进教室,走到学生中间,走进学生心里。陶然,悠然,按自己的节奏走着,走着,竟不知老之将至。"未觉池塘春草梦,阶前梧叶已秋声。"眨眼间,我工作快30年了。听着王成亮的那首《时间都去哪儿了》,我的心里蓦地生出几许莫名的感伤与丁香般的小怅惘。我将大把的青春曾经挥霍在无知混沌的岁月里,每每忆起,不由得头涔涔意恐恐。

海明威说:"优于他人算不上高贵,真正的高贵应该是优于过去的自己。"生命是不可复制的,人生不能重来。"再也不能这样过,不能这样过……"心底有个声音总在不断地提醒自己。我知道,我可能无法像别人那么优秀,可这不能成为自己止步不前的理由。做一只小小鸟,一只快乐的小小鸟,以自己的速度飞翔,飞向自己的高度。

"世上有两种最耀眼的光芒:一种是太阳,另一种就是我们努力的模样。"是的,做自己该做的,做自己想做的,成为自己喜欢的样子。在属于自己的教室里,我和我的学生们轮流扮演着导演、演员、编剧、观众等不同的角色;在课堂这个舞台上,我们师生上演着一幕幕威武雄壮的活剧。掌声响起。帷幕徐徐落下,将精彩留下来,余音绕梁,存在彼此掌心的时光里。生活之溪就这样单纯而富足地向前流着,周而复始的日子被心情渲染得光亮起来。岁月苍老了我的模样,梦想却让生命开出春天的芬芳。虽然过了专业发展的最佳生长期,但我仍想在秋叶里,为生命画上一轮金黄的月亮。岁月在黑板上剥落,看见快乐在童年里流过。在斑驳的光阴里,我看见学生们悄然无声地成长。

蝉,在叶间吟唱;风,在空中细语。我,在童心里放歌。用笔刻下时光的轨迹,站在时光里,回望:在前方,阳光下,遇见另一个自己——饱满怒放的生命,像一株向日葵花。

逐梦前行,无问西东。那些糙拙的文字是心灵绽放的烟花,不过是自己对过往的一种记录和纪念,是馈赠给自己的一份特殊礼物,在聊以自慰的同时,希望能给别人带来一点点启迪。

陈宏芝

2021 年 6 月

目 录

第一章
班本课程的开发

一、开发班本课程的背景

百年大计,教育为本。教育大计,教师为本。习近平总书记说:"一个人遇到好老师是人生的幸运,一个学校拥有好老师是学校的光荣,一个民族源源不断涌现出一批又一批好老师则是民族的希望。教师不能只做传授书本知识的教书匠,而要成为塑造学生品格、品行、品味的'大先生'。"班主任,作为教师中的首席,带好一个班意味着影响一个个家庭。不仅要做一日之"经师",更要做终身之"人师",立德树人,用新时代中国特色社会主义思想铸魂育人,肩负起为党育人、为国育才的教育使命,引导学生扣好人生的第一粒扣子,给学生心灵埋下真善美的种子,培养担当民族复兴大任的时代新人。如何肩负起这项伟大的使命,是新时代交给班主任的一份答卷。

立足当下,面向未来。通过"课程育人、文化育人、活动育人、实践育人、管理育人、协同育人"促进学生核心素养的提升和全面发展,为学生一生的成长奠定坚实的基础。教育的最终目的是培养社会化的人,培养具备适应终身发展和社会发展需要的必备品格和关键能力的人。教育就是发展生命价值,让每个学生拥有创造幸福的能力。育人为本,班主任是小学生日常思想道德教育和学生管理工作的主要实施者。如何发展学生的核心素养、提高学生的综合素质,是未来教育交给班主任的一份答卷。

习近平总书记强调:"今天的学生就是未来实现中华民族伟大复兴中国梦

的主力军,广大教师就是打造这支中华民族'梦之队'的筑梦人。"少年儿童是祖国的未来、民族的希望。培育和践行社会主义核心价值观,要从少年儿童抓起。青少年阶段是人生的"拔节孕穗期",正是打底子的关键节点。班主任是小学生健康成长的引领者和人生导师。如何让每一棵幼苗"苗正根牢",长得又好又快,是学生交给班主任的一份答卷。

怎样做好这三份答卷呢?我认为,班主任首先要做好"班级课程"这门功课。课程是整个教育研究与时间领域中至关重要话语之一,是落实立德树人任务的关键,是培养全面发展的人的根本。可以说,有什么样的课程,就培养什么样的人,而班级课程是适合自己班级发展为本班学生量身定制的课程。班级需要通过课程建设来实现着力培养学生的综合素质,形成适应未来社会发展的必备品格和关键能力。构建班本课程是学生个性发展和全面发展的必然选择。

众所周知,学科教师的教学工作以国家课程、地方课程、学校课程等课程为载体,教有所依。《中小学班主任工作规定》第二条明确指出:"班主任是中小学的重要岗位,教师担任班主任期间应将班主任工作作为主业。"班主任是一个重要的岗位,但目前"管"无所依,还没有统一的"放之四海皆准"的班级管理课程。

由于班级管理的对象是一个个不断发展的个体,生命状态千差万别,班级始终处在一个动态的管理过程中,或许这是没有固定的班级管理课程的原因吧。

按照课程的性质来分,当前班主任使用的班级管理课程都是隐性课程,内容是弥散性的、渗透性的。其内容一部分来自班级生成;一部分隐含在学科课程、地方课程、学校课程等课程里;一部分来自学校思政中心的安排。其特点是随意性大,不集中,不系统,使用起来不方便。

班级管理课程具有灵活性、即时性、突发性等特点,需要班主任运用自己的教育智慧随时解决。许多班主任因"内功"不够,常常遭遇尴尬。

班级管理课程隐含在学科教学里面课程,隐蔽性强,需要班主任有课程整合意识,能够充分挖掘蕴含其中的德育资源,将学科课程与班级管理相整合,形成班学联动。但是担任班主任的教师有着不同的学科背景,其管理内容不尽相同,且育人内容分散、不集中,整合课程对班主任而言挑战很大。因此,并非所有的班主任都能够整合课程。有没有适合各个学科的育人内容呢？读书，是打通学科壁垒的通道。

学校思政中心安排的课程，大多是学校以实施方案的形式下达给班主任，从内容到形式都是学校统一安排的，是针对全校所有班级的，对每一个班级来说，针对性不强。学校没有从课程的角度引领班主任系统地构架自己的班级管理课程，致使许多班主任缺少主动性，工作上疲于应付，更不用说创造性地开展班级工作了。

有的班主任工作状态不佳，具体表现为无班级课程可依，班级管理没有抓手，育人的内容随意、碎片化，工作无序、效率低。特别是青年班主任，因为缺少班级管理经验，往往忙得焦头烂额，但育人效果一般，严重影响了学生的持续发展。有的班主任重应试轻德育，重说教轻体验，不利于学生的个性发展和全面发展。

因此，基于本班学生的发展需要，班主任应为本班学生量身定制，构建适合自己班级发展的课程。

综上所述，班级课程在班级管理中至关重要，它可以提高班级管理效率，增强育人效果；可以减少盲从与被动，促进班主任专业发展，提升班主任的价值感和成就感。由于班级管理的对象不同，班级管理始终是动态的，当下并没有普适性的班级课程。班主任要想把一个班级管理得有声有色，就必须因班制宜，为本班学生量身定制，构建适合学生发展的课程，从而达成"立德树人"的终极目标。

二、班本课程的理论构建

罗杰斯的人本主义理论认为，教育应该把学生培养成富有灵活性、适应性和创造性的人，教育应该注重培养具有主动性、独创性和创造性的人。教育培养出来的人应该是个性充分发展的人。这种人具有主动性和责任感，具有灵活地适应变化的能力，是自主发展的人，能够实现自我价值。构建合宜的班本课程正是为了让学生实现自我发展，成为更好的自己，让教室成为生命成长的乐园。

教育是一种培养人的社会活动,是一种特殊的生活方式,从一开始就源于生活,在生活中发展。杜威指出:"教育即生活。"教育必须依赖生活、改善现实生活,并通过教育来使儿童获得更好的发展,具备构建美好生活的知识和能力。学校是社会生活的一种形式。最好的教育就是从生活中学习,从做中学。学校教育要与社会生活紧密结合,通过教育创造一种高于现实生活的更加美好的生活,使社会生活更加完善、美好。杜威倡导的就是要使学校生活成为儿童生活和社会生活的契合点,从而使教育既合乎儿童需要也合乎社会需要,有益于儿童发展和社会改造。

学生在学校里接受教育,学校只有给学生提供合适的课程,才能让学生拥有创造美好的生活能力。班本课程是一座桥梁,为学生的今天和明天铺路搭桥。

新教育实验认为,教室是河道,课程是水流,二者相得益彰,才会涌现教育精彩。课程以人为中心,是师生生命成长的历程。课程的丰富决定着生命的丰富,课程的卓越决定着生命的卓越。课程的创新使教室成为汇聚美好事物的中心。在课程实施过程中,班主任带领学生经历体验、合作探究,建立知识与世界、知识与自我的内在联系,将所有与知识的相遇转化为智慧,从而使师生生命更加丰盈。班本课程的构建改变了生命状态,改进了班级管理方式,让教育生活更加美好。

教育最终是培育社会化的人。学生是成长中的人,是完整的人,是有情感温度的人,有独立人格的人。基于学生发展特点,开发适合本班学生发展的课程是发展学生核心素养的使然。

三、班本课程的内涵与特点

班本课程分为广义与狭义两种类型。广义班本课程是指所有课程的班本实施,课程的落实最终在班级中实施,这些课程都是班本化实施。狭义班本课程是指班级单独开发的课程。与广义班本课程相比,狭义班本课程量更小、针对性更强、特色更加鲜明。

此处的班本课程是指狭义班本课程,指班主任为日常班级管理单独开发的课程,相当于班主任的班级管理教材,是班级文化以至班级的另一个名称。班主任是班本课程的组织者和设计者。学生是班本课程真正的开发者。

班主任以教室为生命道场,以儿童生命成长为核心,站在儿童的视角,立足于学生发展需求,着眼于学生个性发展和可持续发展,根据自己班级学生的实际情况,整合学校的工作,根据班级发展目标把要做的事情进行梳理,以课程的形式合理地开发出来,建立了一套班级管理课程体系,使班级工作有序有效,从而促进学生发展,提升核心素养,让每一个生命都闪亮。

班本课程具有独特性、科学性、普适性、融合性、综合性、实践性、情境性、群体性、稳定性的特点。

(一) 独特性

对于一个班的学生来说,班本课程为本班学生量身定制,凸显了本班的价值文化和愿景,带有鲜明的班级印记。从这个层面来说,它是独一无二的。对于一个个鲜活的生命个体来说,他在课程中体验、感悟,有着独特的体味。从这个意义上说,班本课程是独特的。

对于班主任来说,班本课程承载了班级发展的愿景和使命,寄托了班主任的美好理想,是班主任和学生想共同抵达的地方、共同书写的教育生活。提升学生的核心素养,把学生培养成时代新人,是班主任工作的意义所在。从这个角度上说,班本课程是独特的。

(二) 科学性

儿童发展有其规律性和节奏性。班主任不仅要尊重学生的生长规律,还要关注个体的生命成长,给不同的年龄阶段的学生提供丰富的给养。因此,班本课程的构建要在教育学、心理学、管理学等理论的引领下,保证其科学性。在课程实施的过程中,班主任应根据学生的实际情况,因生制宜,不断修正、完善,和学生共同完成课程的开发。

(三) 普适性

学生是班本课程真正的开发者。虽然为本班定制,但班级日常管理的内容有其相同点,同样给其他班级管理提供借鉴和启发。

（四）融合性

班本课程内容丰富，融合多元育人要素，推动"三全育人"，发挥系统育人效应，从而实现学生的完整发展。

（五）综合性

班本课程不是围绕应试科目开发的，不以应试教育为目的，而是着眼于学生的核心素养，是素质教育的体现。它以综合性为主，与生活对接，与学科课程整合，与德育融合，重在培养学生的良好习惯、态度、品质、能力等。

（六）实践性

班本课程以实践为主，通过丰富多彩的班级活动，增强体验，培养特长，生成实践智慧。

（七）情境性

班本课程在班级文化土壤里生长起来，又促进了班级文化的发展。班级文化情境凝聚着班级的文化愿景，体现了班级的文化认同，折射着班级师生的个性特点，最终形成班级风格。

（八）群体性

每一个学生、学科教师甚至家长都在参与班本课程的开发。

（九）稳定性

班本课程对班级发展有整体规划，有顶层设计。

四、班本课程的整体框架

班本课程的实施，因班而异，因学期而异，因年级而异。所有课程承载着立德树人的任务，所以要有目标、有主题、有方案、有过程、有记录（师生共同书写成长故事）、有成果（编辑成册）。发生在班里的那些事情是不可复制的。课程如道路，起点是学生，终点是学生。这个过程的变化就是成长。学生从做好人的意愿开始，到变得更好，这正是班主任所追求的。这样的教育时光是有意义的。不负韶华,不负自己,不负学生。

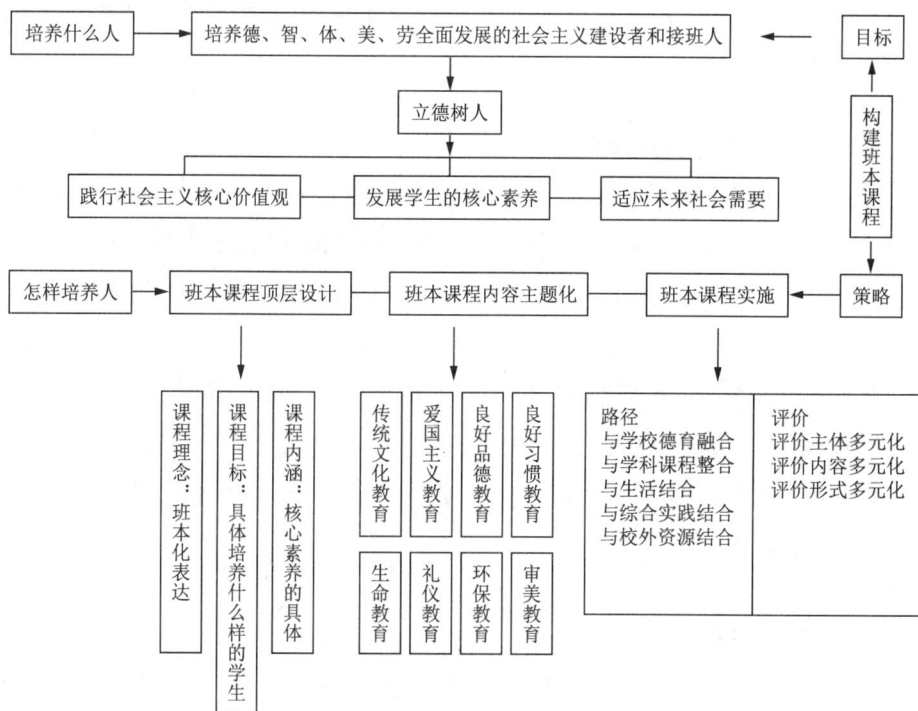

图 1.1　班本课程的整体框架

五、开发班本课程班主任具备的条件

开发班本课程是一个系统工程,并非一蹴而就,对班主任来说有很大的挑战性。因此,在开发班本课程前,班主任需做足功课。

(一) 勇于担当,用心用情

班主任要有教育情怀,有使命感。班主任承载着"传播知识、传播思想、传播真理、塑造灵魂、塑造生命、塑造新人"的时代重任,要心无旁骛,全力以赴,在班级发展上下功夫,在学生成长上下功夫,成为学生生命中重要的"他人",做育人的标杆。

(二) 广泛阅读,厚实积淀

阅读有关班本课程的理论书籍,寻找理论支撑;阅读教育学、心理学、管理学等书籍,为班本课程开发奠定基础。正如于漪老师所说:"重要的理论反复学,紧扣一点深入学,拓宽视野广泛学。"丰富修养,拓宽视野,创新思维,给学生准备充足的"粮草"。

(三)聚焦核心,多措并举

最好的课程是促进学生的发展,让学生的生命每天都发生变化,不仅是身体的发育,更有精神的成长。班主任要树立这样的学生观:学生是发展中的人。学生的身心发展具有顺序性、阶段性、不均衡性、互补性、个别差异性等规律,每天都在变化,是一个正在成长的人;学生是全面发展的人,生活是多彩的;学生是独特的,每个人都是"唯一"的,都有自己的成长特质。班主任不但要重视"知识与技能"的传授,更要意识到"过程与方法""情感态度与价值观"的重要,在班本课程的实施过程中,五育并举,实施素质教育,全力提升学生的核心素养。

(四)明确目标,精确定位

班主任必须十分明确班级发展目标,然后围绕这一目标,合理构建自己的班本课程,帮助和引领学生更好地发展,从而促进学生的自我发展,完成班级课程规划顶层设计。

(五)深入实践,架构课程

班级管理是一个动态的发展场。班本课程是为学生的发展服务的,来源于学生。学生在班级学习与活动中习得知识、技能,培育习惯、态度、品质等,形成未来社会必备的关键品格和关键能力。

(六)整合课程,盘活资源

学生的发展是多元化的,要培养德智体美劳全面发展的人,必须有与之匹配的班本课程。这就需要班主任要提高站位,树立课程意识,从课程建设的角度去审视班本课程的开发,与学科课程相整合,与学生生活结合,与综合实践活动链接,与自然、节日、艺术、阅读等课程紧密结合,与家庭教育有机结合,从学生的身心发展、道德人格、智力发展、审美情趣等多维度去构建,着眼课程内容的丰富性和可操作性,选择一个具体的点深入探索,厘清课程的内在联系,确保主题鲜明,保证课程效果,从而提升学生的核心素养,拓展学生的广度和深度,帮助学生建构完整的知识体系和精神谱系。

(七) 设置弹性课时,拓展时空

课程落地,没有课时做保障是不行的。除了每周一节的班队活动外,班主任还可利用每天的零碎时间(如学科课堂的课前几分钟、课外时间)来落实。

第二章
仁贤班班级文化的建构

仁贤班的课程目标:实现班级群体共识,形成正确的班级价值观念,养成良好行为习惯和良好的学习品质,促进"知书达理,以仁为美"的班风与"书香袅袅,爱意融融"的学风的形成,丰富班级发展内涵,打造班级品牌,培养学生的家国情怀,培养学生的自信力、创新意识与实践能力,培养高雅的审美情趣。从环境文化、精神文化、课程文化三个方面来构建和实施。

一、仁贤班的环境文化

当班主任不易,当一个好班主任更难。在选择担任班主任的瞬间,你的意义注定非凡。那间教室属于你,那些学生的成长与你息息相关。可以说,你的选择事关一个班级几十名学生的发展走向。就像朱永新所说:"教室是一根扁担,一头挑着课程,一头挑着生命,开发卓越课程,缔造完美教室,书写生命传奇,生命的成长才是新教育的最高目标。"因此,在你走进教室之前,要清楚三个定位:一是对自己的定位,即你想做一个什么样的班主任;二是对学生的定位,即你想培养什么样的学生;三是对班级的定位,即你想打造一个怎样的班级,缔造一间怎样的教室。这三个定位层层递进,相互联系。无论哪一个定位不清,班级管理的效果都会打折扣。至于怎样达成这些愿景,那是管理策略问题。厘清这三个定位问题,有助于你的专业发展,可以使你的班级卓尔不凡。

做好班级文化建设,应注意以下几个方面。

(一) 班级命名应具有一定的文化内涵

与传统命名相比,班级命名应更具有文化意味,往往带有班主任的理想色彩和带班风格。班级命名一般分四类:一是技艺,如诗歌、表演、演讲、音乐,促进学生的成功体验;二是品行,如感恩、宽容、诚信、责任、友爱,旨在健全学生的人格;三是植物,如蒲公英、梅花、荷花、翠竹,用植物的寓意培育学生的品性;四是班主任的名字,班主任的名字和班级融为一体,班主任是班级的一员。

我将自己带的班级命名为"仁贤班","仁"出自《论语》的"己欲立而立人,己欲达而达人"中"仁"的核心思想,"贤"是有德行、有才能。我希望班里的每个学生眼中有光、心中有爱、手中有书、言行有礼、做事有方法、脚下有方向、生活有乐趣,成为有情义、有情趣、有智慧的人。

(二) 教室是班主任和学生的"半亩花田",班主任应和学生一起设计、"装修",体现学生们的审美

教室的布置不能一成不变,要让学生充满期待。教室内,窗明几净、桌椅整齐、有书香、有童趣……黑板、角落等空间的布置应和学生的成长有关,是一个个"活"的窗口,应随时更换;不是为了应付学校的检查,而是展示学生风采的平台。走廊的成长墙上,每个学生都有一块自己的"属地",是他们才能的展示地。

1. 我们教室的色彩很绚烂

鲜艳的国旗、洁白的墙壁、浅绿的黑板、淡蓝色的窗帘、柠檬色的书橱、古香古色的名人画像、翠绿的绿植、各色的小玩具、多姿多彩的读书海报……组成了一幅流光溢彩的画卷。

2. 我们教室的布置别有一番滋味

前面黑板的正前方悬挂着国旗,天气不好的时候,可以在室内面对国旗举行升旗仪式。黑板的左上方张贴着社会主义核心价值观,下方是班级图书角,放置了一个多层的大书橱(美其名曰"悦读馆")。书橱的最上层是植物角,有绿萝和吊兰等,垂蔓参差,与下层的书籍遥相呼应,非常有趣;中间三层摆着不少书籍,有童话、绘本、小说、传记等,可供学生阅读;图书角的最下层是"微型

水族馆",三个圆形鱼缸分别养着金鱼、泥鳅、小乌龟等;黑板的右侧张贴着课程表、作息表、值日生表、班规等。后面的黑板是流动的窗口,有三个固定栏目:"祝你平安""好书推荐""班级新闻",还有一个机动的栏目,一般和学校活动或节日有关;其上方是班训"知书达理,以仁为美"。黑板的左侧张贴着中国四大楷书的书法作品,可供学生欣赏、临摹;右侧是"闪亮的我"才艺秀,张贴着学生的读书海报、书法、绘画、手抄报等综合性作品。教室的左墙悬挂着我国名人画像和其读书的名言,右墙悬挂着国外的名人画像和其科学探索的名言。

教室的后门旁边有一个"可乐空间",一个三层桌子上摆满了学生课间的最爱。第一层是手工制作类,学生的"小发明"可摆在这里展示,这是学生停留时间最长的地方;第二层摆放着跳棋、象棋、五子棋、军棋,这是男生们最青睐的地方;第三层摆放着芭比娃娃、十二生肖毛绒玩具等,这是女生们最喜爱的地方。"可乐空间"的右面,摆放着一个运动箱,里面有跳绳、毽子、篮球、足球、乒乓球和羽毛球。这些物品供班级活动时使用。

3. 我们教室的书香味很浓郁

走进我们的教室,一股书卷气息扑面而来。教室的每一处仿佛都镀上了一层文化的光泽。书橱里摆满了书籍,四周的墙壁上贴满了书,学生们身上散发着书香。我和学生们有个约定:相约书香,共同成长。"好读书,读好书,多读书,与书为伴"是我班的行动指南。

为了激发学生们的阅读热情,我特地设立了"读书节",常常举行"以书会友"活动。班里经常掀起"读书风暴",我和学生们相互推荐书籍,交换书籍阅读。学期结束时,我班还举行"读书之王"评选活动,谁读的书最多,我就将自己的藏书奖给谁。对学生们来说,这件事特别有诱惑力,因为得到的不仅是老师的一本藏书,还可以成为老师的书友。

"布衣暖,菜根香,最是读书滋味长。"在我的影响下,我班的学生都爱上了读书。现在,他们都成了我的书友。如德国哲学家雅斯贝尔斯所说:"教育就是一棵树摇动一棵树,一朵云推动一朵云,一个灵魂唤醒另一个灵魂。"读书唤醒了学生们的生命意识,使每个学生的心灵舒展开来。

当学生对班级、教室有了感情,他们又怎么会厌学呢?以下为学生眼中的班级。

我们是仁贤

高　慧

现在我们的教室里又多了一种味道——书香味儿。教室书橱里摆放着琳琅满目的书,同学们的书包里装着书,心里想着书,嘴里念着书。

早晨,胡雪娜同学一来到教室,便放下书包,背起古诗来,在她的感染和影响下,其他同学纷纷加入读书的队伍。现在,我们班已实现自主早读了。那朗朗的读书声几乎把教室淹没了。下课铃声一响,很多同学就像蜜蜂见了花儿一样迫不及待地奔向小书吧。特别是李佳蔚,什么时候看见她,她都在看书,真是手不释卷呀。书成了她最亲密的伙伴。有一次,上课铃响了,她像没听见一样,仍沉浸在书香中,直到班长催促她,她才恋恋不舍地把书放回书架,还忍不住向小书吧投去深情一瞥:"下节课见,亲爱的朋友。"每次午饭后,总有一个同学出现在小书吧那里,津津有味地"啃"会儿书。他就是我班的"小书虫"领队——刘夏雨。午餐后到小书吧过读书瘾,已成为他的习惯。宿舍里,很多同学也不忘读书。"赶快睡觉,不要看书!"老师一声令下,同学们转入"地下"(被窝里)偷偷地看。有时,他们还和老师玩儿捉迷藏。老师一来,他们就闭上眼睛,假装睡觉。老师一走,他们又兴致勃勃地读起来。这就是我们班的一群"小书虫"!

读书是一件美妙的事。书林穿行,心如风;妙笔生花,花似锦。书香生色,快乐飞扬。

通过这些文字,我们可以发现班级环境对学生成长的影响。

二、仁贤班的精神文化

(一)我在这里等你

送走一批学生,又迎来一批学生。年年如是,周而复始。陌生的面孔,纯真的笑脸,一遍遍地目视着这些学生,聆听着他们甜甜的童音,我的心里有种莫名的欢喜。这就是"一见倾心"吧。有人说,相识是一种缘,相识是一种美丽。既然相遇了,就当珍惜这种缘分。无论好坏都从容面对,无论刮风下雨都坚守。为自己良知的考量,为学生今后的发展。

天青了,等烟雨,而我在等你——我的学生们。

一方教室,三尺讲台。每年暑假开学,我都会满怀期待迎接新班级。我应该带给我的学生们什么?怎样帮助他们变得更好?这些问题成为我带班的一个课题。我从班级现状、班级发展的目标、班训、班风、学风到班徽、班花、班歌、班级展望等方面进行了整体规划。以中途接的 2016 届二班学生为例。

【班级现状】学生学习基础差,不爱读书,缺少爱心,缺乏自信,班风不正。

【班级目标】全力以赴,做更好的自己,努力成为有情义、有自信、有梦想、有智慧、有担当、有毅力、有情趣的人。

【班级管理座右铭】以学生为镜,让学生因读书而改变。

【师生心约】相约书香,共同成长。

【班训】知书达理,以仁为美。

【班风】书香袅袅,爱意融融。

【班歌】《隐形的翅膀》,愿读书和爱为每个学生插上飞翔的翅膀。

【班徽】在外观和色彩上,运用我国美术的传统因素,呈圆形,金黄色,意寓成功、圆满、和谐。画面分两部分:第一部分是动态的书形状,朱红色,意为"展卷而读,开卷有益"。第二部分用双手托起红色的小"心",组成了一个大"心"形,象征师生一起行动起来,共同经营,奉献自己的智慧,积极热情地参与读书,一起缔造书香品牌。两部分中间镶着班训"知书达理,以仁为美"。

【班花】荷花,意指每个学生的心灵像荷花一样纯洁。

【班规 18 条】

1. 亲老师,友同学,其乐融融一家人。

2. 衣衫净,目光炯,笑容挂眉梢。

3. 课前物品摆放正,温故静思迎老师。

4. 坐如钟,站如松。

5. 做事有条理,行动快如风。

6. 与人互动,眼睛要看着对方的眼睛,学会用眼睛说话。

7. 别人有好表现,要替他高兴,学会为他人鼓掌。

8. 学会倾听,尊重别人的发言与想法。

9. 待人有礼貌,不要做出对人不敬的手势。

10. 用自己小小的爱心,常为别人制造一份惊喜。

11. 大胆发言乐思考,大脑越用越开窍。

12. 专心听讲效率高,成绩肯定差不了。

13. 认真作业及时交,莫让组员受牵连。

14. 知错就改如廉颇,不为做错找借口。

15. 有错同担,有乐同享,小组合作很重要。

16. 每天一读,天天坚持。

17. 行胜于言,言行一致,说到做到。

18. 书写认真,书面整洁。

【班级展望】不求跨越发展,只求每天有进步,持续发展。

精神文化的形成需要一个过程,是师生、任课教师、家长等多方努力下,在教育教学实践的认同中形成的。它是一个班级的灵魂,是学生自主发展的纲领,是学生生命生长的因子。班主任是班级精神文化的创建者、引领者和践行者。要想让学生做仁者,班主任首先应做一个有爱的人,以爱育爱,才能生成爱。

(二) 营造自己的后花园

我和45个学生共同经营了一个家园——五彩园。每个学生用一颗"仁者"之心培育出自己的花朵,展示着与众不同的美丽。

每感倦怠,我便放下手中的一切,静心浸染花香,轻轻拂去蒙蔽心灵的尘埃,周身轻松舒展开来。此时,什么都不去想,什么又都可以去想。我是自由的、真实的。除去世俗的羁绊,守望着这片绿色家园,播种,耕耘,收获,欣赏……这是一件很惬意且有意义的事情。打开记事本,心情如瀑布般飞泻下来。

"放学了,集合!"体育班长一声招呼,同学们陆续走出教室,到大厅集合。但总有几个"尾巴"在后面拖拉。我在门口等着,笑着看他们收拾东西。忽然,有人从后面捂住了我的眼睛,"这是谁呀,调皮鬼?"我掰了掰他的手,仍没松开。"老师,猜猜他/她是谁?""李欣?杨玉倩?手软绵绵的,一定是女孩子。"旁边有人说话了:"老师,您说得不对,是男生。""尤启明?付凡力?"……待他放开手,一看,是体育班长李嘉琛。"是你啊,小家伙,怎么觉得像个女孩似的?""哈哈哈……"大家都笑了起来。大厅里泛起了快乐的浪花。李嘉琛是那种一说话就脸红的男孩,此时,他的脸红得像盛开的石榴花。拍拍他的肩膀,我打了一个下楼的手势,他像个指挥官似的,朗声喊道:"现在大家带着快乐回家吧,出发!"一支整齐的队伍有序地走下楼梯,踏上回家的路……

中午就餐时,一群学生簇拥着我入座,就像迎宾那般,他们端着稀饭或汤争相送到我的面前。这里面有我班的学生,也有邻班的学生。那么多的汤和稀饭我哪能喝了?我只好委婉地谢谢大家,"不用麻烦你们了,我自己盛就行了,再说我也喝不了这么多啊"。于是餐桌上就有了一碗汤和一碗稀饭。其实,我没做什么,就是班里无论谁从家里带来好吃的,大家都会在餐桌上共享。有时我也带。记得第一次带的是辣白菜,满满的一饭盒,我们班的学生都啧啧赞叹我的手艺,惹得邻班的学生很羡慕。我一看他们眼馋,就端着饭盒给他们尝尝,他们很实在,也没有推辞。就这样,我们两个班的关系走动起来。特别是每到周四吃包子时,邻班的学生们会从家里捎来咸菜之类的小菜,送到我的面前。有一次中午我没在这里吃饭,第二天,他们竟打听我上哪里去了,似乎我是他们的任课老师。我班的学生说:"这是俺班主任,不是你们的,以后你们不用给俺老师盛汤了。"我理解小孩子的心理。且不论他们的想法是否狭隘,单从对我这个班主任的感情来说,这种看起来很自私的爱让我感动万分!

做一名教师是妙不可言的,做一个班主任还会有特别的幸福。个中滋味只有当了班主任才能体会到。

轻轻掩上记事本,走出五彩园,芬芳满心间。

(三)携着阳光走进课堂

曾经中途接任过一个班的班主任。初接此班可谓喜忧参半。喜的是这个班的口碑不错,成绩尚好,底子不薄;忧的是该班的前任班主任素以威严治班,据说学生们温温顺顺、服服帖帖,而我天生就属于婉约派的那种。好心的同事急忙为我想办法:"小陈,这回你可得改改风格,别那么温和了,说不定这群'小羊羔'会变成'大灰狼'呢!"是啊,同事说的不无道理,我还真有几分忐忑。在管理风格反差巨大的背景下,我能把这良好的基础巩固住吗?这些学生会不会"给点阳光就灿烂,给点洪水就泛滥"呢?事实证明,我的担心是多余的。经过两个多月的相处,我和学生们度过了"磨合期",他们很贴心,有时我们能

"心有灵犀一点通"。他们这样容易被我"俘虏",源于简单的两个字:笑容——教室里的阳光。多年的班主任实践经历告诉我:满面春风笑脸相迎的效果最好,携着阳光步入课堂对于师生来说是件极其美好的事情。

1. 笑着走上讲台,教室里会洒满阳光

有时,我们难免会遇到上课铃响后,教室仍嘈杂、喧闹的尴尬。我会站在讲台上,目光炯炯地注视着每一个学生,笑而不语。顷刻间,教室里鸦雀无声,真是"无声胜有声"。我只需短暂的沉默和等待。有时,柔和的力量比风暴更有穿透力。此时,我满脸的笑意成了最佳的噪音消除器。这比起"没听见铃响,怎么还说话?""想不想上课了?都闭上嘴!"之类的厉声斥责要奏效得多。有时我正讲得兴味盎然,忽然发现有学生东张西望、心不在焉,我会不动声色地问:"A同学,请你回答这个问题好吗?"他肯定不是惊慌失措,就是答非所问。对此,我不恼,反而笑意盈盈地提醒他:"请坐,以后上课可要专心哦!"这样一来,A同学不但能意识到自己的走神被老师发现了,那颗"外出的心"也会被拉回课堂,避免了尴尬。此时,微笑就是无声的护佑自尊的警示器。

2. 笑着面对考试,学生心中的求知之火就不会熄灭

每次考试总会有人欢喜有人忧。面对进步的学生,我笑容可掬地为他们喝彩:"哇,你终于反败为胜了!我为你的进步高兴!""没有最好,只有更好,要继续努力哦!"面对停滞不前的学生,我会和他拉钩为约,笑着对他说:"暂时的落后不代表永远,只要发扬水滴石穿的精神,一定会战胜自己甚至超越别人!老师和你一起奔跑!"面对学困生,我会拍拍他的肩膀,笑着说:"不要着急,慢慢来,让老师来帮你好吗?"此时,我的笑容犹如兴奋剂,使学优生更上一层楼,学困生重拾信心,激励他们自尊自爱地投入学习中去。

3. 笑着面对家长,家校"牵手"才有意义

当有学生屡次违纪、惹是生非时,我需要家长的配合。无论是在电话中还是面对面,我从不把怒火迁移到家长身上,总是心平气和地和家长娓娓道来,和家长一起查找问题的根源,寻求最佳的解决方法帮助孩子改正错误。这样既保住了家长的颜面,又为学生的进步提供了一个契机。此时,笑容为我和家长搭起了一座信任的桥梁。

班主任工作烦琐,若处理不当,会平添许多烦忧。笑容是最美丽、最动人的

语言。一笑泯烦忧。这就是教育心理学中的"南风效应"的育人之效。

（四）喜欢收集温暖

课前五分钟，班级有一个"实话实说"栏目。一日，一生说的是"喜欢收集故事"。他收集的故事五花八门，令同学们大饱耳福。讲完故事后，便是生生互动、师生互动环节。没想到这个学生直接跳过生生互动的环节，直奔我来："老师，您喜欢收集什么？""我喜欢收集的东西太多了，书籍、流行歌曲、邮票……""如果只能选一样的话，您选什么？""我最喜欢收集温暖了。""什么？"话音一落，全班同学的脸上都写满了惊讶和不解。"同学们，奇怪吗？其实，收集温暖可有意义了，只要你把平日里让自己感动感恩的事储存在脑子里，心里便会像有团火，让你在成长的旅途中不孤单、不寒冷。你会生活得很快乐。你想，一个心里总是炽热一片、热烈一片的人，他的脸上会缺少笑容吗？""不会！""现在，你们明白老师为什么总是笑意盈盈了吧。相处快一年了，是你们一次次感动了我，给我留下了无数温暖的回忆，谢谢大家。下面，老师将给你们细数一下我最近收获的幸福。"

1．午休前

学校要拍几张综合实践的照片。没有白菜道具。小阳自告奋勇把活揽了下来，"老师，没问题，这事就交给我和嘉琛吧。"然后，他叫上他的铁哥们李嘉琛，匆匆忙忙地下了楼。一路小跑，跑回离校约 500 米的家里。可是家里也没白菜了，他妈妈二话没说骑上电动车就到农贸市场买了棵八九斤的大白菜。然后二人抱着白菜跑了回来。小阳偏瘦，嘉琛偏胖，回到教室时，已大汗淋漓、气喘吁吁。"辛苦你们了，"我给了他们一个大大的拥抱。"没事，这是我们应该做的。"看着俩孩子布满汗水的脸上洋溢着幸福，我有种别样的快乐。在我们班，能为同学、班级、老师做事是极其荣耀的。助人为乐蔚然成风。

2．课间时分

"同学们，你们种的花现在还好吗？有空到和美植物园（咱班的专区）去瞧瞧吧。"话音刚落，"大部队"便行动起来。我没有指派固定的看管人员，但每天都有学生去关照。大家都在参与，都在行动。

一天，高飞、王琴兴冲冲地跑到我跟前："老师，今天我们班又受到表扬了。""好啊,说出来让我也高兴高兴。""我俩为花浇水,校长说我们很有爱心,并问我们是哪个班的。""谢谢你们,又给班级增光啦。"学生把班级荣誉看得多重!我很欣慰。平日的教诲没有白费。没想到,我的这一举动竟引发了全班的送温暖活动。人人都想把温暖送给他人。同学们在带给他人温暖的同时,温暖了自己的心灵。

小杰,个子不高,是班里的"袖珍"男孩,长得虎头虎脑的,外号"大侠"。运动会他主动报了1 500米长跑。其实,他的体育不算好。我问他为什么报名参加这个项目。他说,我为班级而跑。您平时对我太好了,我要报答您。我被深深地感动了。这个男孩,一开始有不少坏毛病:上课爱插话,爱与同学瞎闹,写字潦草,作业经常偷懒,作文写百十字……我没有因此小瞧他,对他一视同仁,特别是他帮助小超进步的事情,我放大了他的优点,当着全班同学的面,夸他有侠肝义胆、大侠风范,有情有义,为同学进步"两肋插刀",并"赐"他"班级大侠"的美名。那次表扬之后,他变了,值日抢着干,作业及时交,课堂上管得住自己的嘴,作文写了400字……毕业时,他在送我的礼物中写了一句话:"老师,我上六年学了,您是第一个这么看重我的老师,我会越来越好的。"学生能心甘情愿地去表现自己,奉献自己的爱心,我相当知足。

(五) 改变心情,改变做法

当遇到"弱班"时,我的理念是不放弃、不抛弃,一个都不能少。与其抱怨,不如改变;改变了心情,就改变了做法。

曾经看过这样一个故事:一位父亲在公司受到了老板的批评,回到家就把沙发上跳来跳去的孩子臭骂了一顿。孩子心里窝火,狠狠地踹身边打滚的猫。猫逃到街上,正好一辆卡车开过来,司机赶紧避让,却把路边的孩子撞伤了。这就是心理学上著名的"踢猫效应"。坏的情绪可以传染,好的心情一样可以影响他人。作为一名班主任,我从不带着不好的情绪上课,始终保持一种积极向上的心态,如此,才能只见花开,不见花落。

2010年9月,四校合一,学生的情况极为复杂。他们在学习、纪律、文明修养等方面都表现一般,有些地方可以说积习已久,有时会令我生气上火。记得我上合校后的第一堂课时,还不到五分钟,学生们的坐姿就"千姿百态"了:双手托腮的、侧着身的、晃腿的、趴着的、耷拉着脑袋瓜的、垂着眼皮的、手玩转笔的……天呐，这是六年级的学生？难道我要像教一年级的学生那样每过10分钟就强调一下"坐好"吗？那一刻，我"晕"了！本想狠狠地教训他们，借以整顿一下班风，忽然，我被前排的赵静（当时并不知道她的名字）吸引了。只见她腰板挺得笔直，双手摆放在桌前，一双美丽的大眼睛正出神地注视着我。这个小女孩让我心里暖暖的。还是心情灿烂些吧，我想。我转而和颜悦色地说："同学们，我们常说坐有坐相，站有站相，刚才我发现咱班前排这个大眼睛的女同学就做到了这一点。她做得好极了！不但坐得姿势标准，而且听讲最认真，请看——"。顺着我手指的那个方向，大家的目光"刷"地一下子投到了赵静身上。"告诉老师，你叫什么名字？""老师，我叫赵静。"她抬头挺胸，双手垂立，目光澈明，面带微笑。"你真棒！不但坐得好、听得好，而且彬彬有礼，回答问题声音响亮。你是同学们学习的榜样！今天你不仅让老师第一个记住了名字，而且让老师喜欢上了你。""同学们，想不想让老师在最短时间内也记住你的名字并喜欢上你？""想！""那现在大家应该怎么做？"话音未落，只见所有同学一下子坐好了。接下来便是一路高歌，一节课不觉已过。

下课时，我还故作神秘地告诉学生："同学们，我发现你们还有三个优点：第一，你们今天的课前准备很到位，书、本、笔备好了；第二，上课铃声响前都安静地等老师上课。第三，你们都很希望得到老师的认可，希望老师喜欢你。我想，大家明天还会有更多的优点在等着老师发现，是不是？""是！"从他们震耳的回答声里我找到了自信。刚上课时的阴霾消失殆尽，我的心情如花儿般绽放。

此后，我尽量收起苛责，睁大眼睛，发现并放大学生的优点。"今天书写美观的同学除了刘小慧、于小燕、张晗静等'小书法家'，又多了孙瑜、明真两名新秀"；"今天的路队比昨天走得齐，特别是乘车的同学都能做到不挤不抢，有序上车"……就这样，每天放学前我都会兴高采烈地把他们每一天最突出的表现像播报国际新闻一样播给他们听。既有"点"的赞赏，又有"面"的肯定。我发现每个学生的脸上都洋溢着笑容和自豪。现在，我的"每日一播"成了学生们最热盼的"科目"，是他们一天不可缺少的授课内容。

每天进步一点点。在我一天天的肯定和赞赏中，学生们的不良习惯逐渐得到改正,好习惯慢慢养成,精神面貌焕然一新。

改变了心情,就改变了世界;改变了态度,就改变了结果;改变了做法,就改变了生活。用积极乐观的心情对待学生,会发现每个学生都是天使。走进校门,教师要时刻保持良好的心情,用阳光的心态塑造学生美好的一生。

(六) 把爱进行到底

考试是教师的"法宝",是学生的镜子。每次考试后,总会有人欢喜有人忧,这是情理之中的事。可是,今天上午举行的单元过关考试却大大出乎我的意料。平时的小测验是"连绵不断"的,90%的学生的正确率极高,因为这些小测试侧重的是对生字、语句的考查。但将两个单元综合起来考察,学生们的"庐山真面目"就显露出来了,真是"远近高低各不同"。不考不知道,一考吓一跳。没想到我班女生和男生成绩分化如此严重,没想到他们的阅读能力如此之差!全班有 17 个 A 级的,其中女生 14 人,男生 3 人;B 级,男生居多;C 级,男生亦为数不少(女生仅 2 人);D 级行列中男生竟有 4 人!

为什么男女生之间的差距如此之大呢?他们的基础是不相上下的,况且男生们不是那种"擀面杖吹火——一窍不通"的人,他们很聪明,学习上有很大的发展空间。但男生不如女生认真、爱学。单从作业来看,女生中没人糊弄,更没人偷懒,让我最放心。而男生就稍逊一筹。"张飞"式的字不少,"懒汉"也有几个,科代表每天跟在他们"屁股"后面追作业。他们上课回答问题很积极,可眼高手低,一些简单的题目也无法做到完全准确,错别字连篇,阅读题只答"纲",缺少具体叙述。长此以往,这班男生还了得?如何消除这种分化现象?如何将男生的潜能挖掘出来呢?我决定从以下五个方面着手:

第一,召开男生会,指出其优势,找到他们的闪光点,激起其斗志,"男儿当自强",让其有竞争意识,不要甘拜下风。

第二,做好男生的功课辅导,每天的作业不同于女生,适度给他们"开小灶",增强针对性和突效性。

第三,做好学困男生的转化工作。对"班级尾巴"怒斥怨恨是无用的,与其让他破罐破摔(这让班级损失更大)不如让学优生与其结成"学习对子","一帮一"地进行"扶贫"。这样既可促进班级内部的和谐,又能提高学困男生的学习成绩,让他们重拾失落的信心和上进心。

第四,及时鼓励,用赏识的目光看待男生。这群男生的成绩或许无法在一两周内得到有效提高,他们的转变可能体现为某一个方面,如书写认真、按时完成作业、不惹是生非、把老师的话放在心里。思想端正了,行为上不就走上正道了吗?我拭目以待。

第五,每次考试,无论大考小考,都要把情况公布于众,让每个学生心中有数,先不急于把他们和女生比,可以先和自己比或在男生内部进行比较。看看和以前比,自己有何变化?和其他男生比,自己有何变化?让他们每个人定时做好周记,记录自己努力的每一小步。定时召开会议,交流他们的心得。

"骐骥一跃,不能十步;驽马十驾,功在不舍。"只要我紧紧地牵着他们的手,相信这些"驽马"终会变成日行千里的"骐骥"!

把爱进行到底,不让任何一个学生掉队,是我管理班级的终极理念。

(七) 假如是我的孩子

每当遇到令人头痛的特殊学生时,我总会想:假如他是我的孩子。

班里有个"混世魔王",我在他身上下了好大工夫,但其变化很小,时间一久,我不免心中有些委屈,觉得每天的辛苦不值得。因为其他学生经我的点化都变得可亲可爱,而这个小家伙反复无常、时好时坏。

我每天和他斗智斗勇,从一开学走路队我牵着他的手,到我骑着电动车送他回家,再到我声色俱厉地要与他解除师生关系,直到他流下两行热泪,恩威并用之下,他终于有点起色:不张口说脏话了,不动手就打人了,作业偶尔做点简单的,英语课不逃课了。听他的上一任班主任讲,他在五年级的时候可是"天不怕,地不怕"的,哪个老师的话他都不听,所以没人搭理他。按理说,进入六年级,他能有如此表现,我该欣慰才是。然而,一想起他的"无常",我就打起退堂鼓来。听之任之,就怕"洪水泛滥",影响其他的学生;管吧,太累了。但若真"抛弃"他,未免有点可惜,他很聪明,还有点进步,一旦放弃,他就真完了……"二年级起,他开始不写作业,动不动就和别的孩子打架,上课不认真听讲,大人的话一点也不听,星期天在家里待不住,总在外面瞎逛,我和他爸恨不得'打死'他……"这是那次家访他妈妈的哭诉,"陈老师,俺孩子说你对他好,他很喜欢你。你就帮俺管管吧,他最听你的话了,俺求你了……"一想起他妈妈那哀求的眼神和无奈无助的表情,我的心又软了下来。心底有个声音对我说:"假如是你的孩子,你能坐视不管吗?你能眼睁睁地看着他变坏吗?不能不管啊!"

是的,不能不管,教师干的就是良心活。管和不管,有着天壤之别。

只要我有足够的爱心和耐心,滴水定能穿石!

每个学生都有可塑性。请看"小破孩"成长记:

健,瘦而高,成绩很差,没一科及格,说起话来好像水流被山石阻隔一般;上课好像总是心不在焉,时常低着头忙自己的事,沉浸在自己的世界里,老师讲课似乎与他无关;放学时,他总是不把作业记在本子上,喜欢晚上给我打电话问作业是什么;课下很少与同学交往,经常一个人在座位上看书;放学总是最后一个走,在队伍的后面磨蹭。

教师节那天,他给每个任课老师送了一张贺卡,并送上了相同的祝福。"老师,我很喜欢您。祝您节日快乐!"语言直白、坦诚。

字写得一笔一画,有板有眼。课间,常见他把黑板报上被别人蹭掉的字描了又描,使黑板报崭新如初。

今天他当值日班长,有的同学不听他管,他被气哭了。

"老师,这篇文章写得真好!""老师,这本书真好看!"课间,他拿着书兴冲冲地跑到办公室向我推荐。

这次环境描写的作文属他写得好,描写具体,语言生动,我为他点了赞并当众读了他的作文。

考试没做完题就到点了,他趴在座位上哭肿了双眼,不肯回家吃饭。

"老师,我妈昨天……我爸……"放学时,他常和我聊他的家人。

和他做了一天同桌,他安排左邻右舍的同学,并偷偷地把语文作业批了。

语文考试表中不及格那一栏里没有他的名字了。

超,脸部瘦削而蜡黄,高粱秆样的身子骨,让人担心风一大便会将他会吹倒在地。他的眼睑总是耷拉着,开学一周了,从未见他笑过,也不曾见他与人交往。开火车式地检查读课文,每次到他那儿,时间就慢了下来。光音量就不知提醒了多少次，光错字就不知纠正了多少个，光停顿亦不知纠正了多少次。在同学和老师的反复帮助下，他稍有起色，没有错字了，基本连贯了，可还是不够顺畅。"老师，以后别让他读了，太浪费时间了！"其他同学纷纷不满。"再给他一次机会吧！"我不忍加入"讨伐大军"。其实，我也不想让他读了。那声音游丝般缥缈，一个好端端的句子被他分割成 860 个节奏，那感受如同看到一个八旬裹足老太颤颤巍巍地过独木桥。听他读书，每次都会不由自主地皱起眉头，格外难受。可又不能不叫他。每个学生的学习机会都是均等的。因为除了读课文，他似乎再也没有什么可以展示自己的机会了。他各科成绩加起来不足百分，背诵课文没什么指望，上课回答问题更是没戏。可他上课听讲很专心，每天写作业，及时上交，考试时卷子上写得满满的，尽管做对的很少。当值日班长时，他一点也不含糊，早早到校，扫地、洒水、倒垃圾，一样都不少干。他以这样的方式吸引着我的目光。

他努力了，可他就是如此，只是能力不够。

兵，方脸，小麦肤色，戴着眼镜，声音有点沙哑，敢说敢做。开学第一天，他就给我留下了深刻的印象。"谁认识老师？""我认识"，坐在教室最南排第一位的他笑嘻嘻地回答。一点不拘束，就像老朋友。"哦？你是怎么知道的？""上五年级时，我从表哥曹维新那里听说的，他说您特别好，那时我就希望到了六年级，您能教我。"像背台词一样的熟练却又那么自然、不做作，很真诚。"你像你表哥一样伶俐可爱。你是我第一天认识的第二个朋友，在教室里认识的第一个朋友。"他露出两排洁白的牙齿。我决定选他当体育班长。

开学第五天，路队走得太差，全班同学被我晾于大厅。我转身而去，头也不回地走了，好像不再教他们了。其实，我只是想给他们个"下马威"，我在楼上窗口俯瞰着他们：一个个不再嬉皮笑脸，表情凝重，似在思考、悔过。看到体育班长严肃地整队，向后转，走回教室，重新走下楼梯在大厅停下，他们知道我没走。这一次，的确做到了"快静齐"。我下楼，做了个走的手势，说道："希望以后每天放学用三分钟"。后来，他果然做到了，没有再发生这样的事。晚上兵的家长打电话，为此事表示歉意。其实，不是他的错，这是他第一次当班干部，带的又是一群难管的男生，刚开学，出乱子也是正常的。他没有必要自责。好多同学在日志中写道:"望着老师远去的背影,体育班长哭了……"他为自己没带好路队而哭,为怕老师不教他而哭。他是个有责任心的孩子。从此,我更喜欢他了。

在仿写《爱的教育》中卡隆时,他的模仿力很强,第一遍指导后,他就写得八九不离十,只有个别小错。我让他回家后改错,再抄写一遍,好给同学们当范文,结果还有一点错;我又让他抄了一遍,他抄得一丝不苟。抄第二遍时,我以为他会烦,可他很有耐心、上进心。

我没有看错他。他的字一笔一画,虽无体,却写得有板有眼。他的书写速度有些慢,考场上那份稳,让我很担心他答不完。他的语文总是名列前茅,有时第一,于是,我决定选他当语文科代表。他果然不负我望,语文学习兴趣更浓,语文成绩越发优异。

知错就改,善莫大焉。我不反对男生女生正常交往,但有的男生喜欢和女生嬉皮笑脸,有的女生喜欢和男生拉拉扯扯,严重影响了班风,我不能坐视不管。他就是其中之一。三令五申、说服教育之后,仍不见效,我便下了禁令:我班男女生之间嬉笑打闹的,让家长来校处理;招惹别班的,把招惹者送到别班,就在人家门前晾着;别班到咱班门前招惹谁,谁就替他埋单,并在本班门前站着示众。此令一出,我班门前冷清了许多,这些事我从未在班里指名道姓,可这些"犯事"的人一下子收敛了。有好几次我看见他们扶着门框往外张望,像在等待什么,一副寂寞的样子。看到我来了,赶快闪了回去。"花开有季节,什么年龄干什么事。"这是我在班会上说的。他们一定是听明白了这句话隐含的意思。

零食节。他拿了一大包东西与同学分享,老师那儿,他也不曾落下。

班里有同学被别班同学欺负。我不想把事扩大,想大事化小,小事化无。他与那人认识,我交给他处理。他凭借自己的三寸不烂之舌,把事办好了。

原来,"小破孩"一点儿也不"破"!

每个学生都有这样或那样的不足,以发现美的眼光去看他们,眼前便会千姿百态。上面只是《"小破孩"成长记》中三两个孩子的成长缩影,班里45个孩子以"自己"的方式展示着生命的光彩,以不同的速度生长着,牵引着我的目光,触动着我的心灵。我愿每天为他们记下一笔,或多或少,试着去读懂他们,陪他们成长。不期待他们制造锦缎般的惊喜，只企盼他们每天进步一点点，向着太阳唱出欢乐的歌！

（八）捕捉生命中的每一次感动

每次和学生一起唱《真心英雄》时，"把握生命中的每一分钟，捕捉生命中的每一次感动"两句歌词尤入我心，禁不住生出万千感慨。

生命有长短，由老天决定，可生命的容量、大小完全是由自己掌控的。生活在尘世间，吃五谷杂粮，就必然受人恩泽，同时，学会了受惠于人。于是，心灵不再麻木和干瘪，感动的乐符也常常在心头舞动跳跃，给生命平添了一些暖色与亮度。不知从何时起，我成了一个易感动的人。为天下那些善良和美好的人性感动，为那些高尚的情怀感动，为领导的信任和支持感动，为同事的帮助和热情感动，为家人和朋友的牵挂感动，为学生被我的感动而感动，有时也为自己的"蜕化"感动……

百炼成钢绕指柔。是的，感动是一种最具穿透力的"软力量"。课堂上，当我捕捉到每一个学生令我感动的镜头时，我都会用手机拍下来，带着这样的心情上课，好轻松、好舒服！学生们又何尝不是呢？他们从我这儿学会了感恩，感恩父母、感恩同学、感恩老师、感恩学校、感恩社会。这届学生马上就要走出校园了，回顾这一年来我的"精雕细琢"，我心情如花。我知道他们还有很多地方需要花功夫"雕镂"，但比起过去，他们的进步可谓大矣！他们留给我的美好回忆不仅仅是那些记录他们成长的感恩本，更为重要的是，他们让我重新认识了教育的功能，让我意识到这份职业的确是塑造心灵的职业，让我明白了"教师是人类灵魂的工程师"这句至理名言的内涵！

欲教学生感恩，班主任要先学会感恩。不要觉得学生做的都是理所当然的。要关注班级的日常小事，捕捉生命中的每一次感动，从而拨动学生的心弦。

（九）为你而歌

常规教育，学校要求狠抓。如何狠抓？狠在何处？"狠"就是要严、要强化，但制度的落实光靠刚性政策是不行的。常规教育从学生一年级入校就开始抓，为什么到了六年级许多好习惯仍未养成？我常这样妄想：如果给他们戴上一个"紧箍咒"就好了。只要他们一违规，便念咒语让他们痛得在地上"竖蜻蜓""头痛欲裂,满地打滚",他们还会违规吗? 以"轻声慢步靠右行"为例,如果你留意一下学生上下楼梯便会发现:大部分学生都随意走,并没有按规定做,走廊里仍有大声喧哗者。是班主任没管吗? 其实,学生知道应该怎么做,但没能体现在具体的行为上。有些规矩,他们并非刻意破坏,是因为他们自制力、自我约束力差。如何将养成的好习惯保持下去,让仍未改正的坏习惯消亡,是本学期本班的工作重点。对学生的常规教育,属老生常谈,我都不爱唠叨了。常常话说三遍仍无效,学生不爱听,效果也不理想。如何让他们听进去,照着去做? 我决定换一种形式——缺什么,补什么。不要十个好习惯一起抓,要逐条落实,并且采用不同的激励措施。被评选为"好习惯标兵"的,我通常采用三种形式:一是口头表扬,一次、两次还行,多了,就显得苍白无力;二是物质激励,发个本子,常用此法,学生对此没了兴趣,也没劲了。三是精神激励,每周利用中午预铃前的时间开展"为你而歌"活动。由学生民主选出本周好习惯进步最大的几名同学,主持人还要为他们写一段言简意赅的推荐理由,然后请他们上台,其他同学为他们唱一支歌,并留影纪念。我则推波助澜,将活动推向高潮。我发现台上的标兵露出自豪之情,台下的羡慕不已并纷纷表示,下一次也要让别人为自己而歌。于是,大家争相仿效,有更多的同学受到这样的嘉奖,他们说这样很光荣。这项活动不但活跃了课前的气氛,而且于无形之中对本周的好习惯进行了落实,让学生在平时关注了自己的行为,有力地促进了良好习惯的形成。

这是发生在学生之间的一场"大战",我没有"出手",他们自己解决问题。遇到问题解决问题,不正是我们教育追求的目标吗? 以下为班级日志。

课间 "大战"

王怡然

下午第一节我们上的是语文课。除了我们组,其他组都加了不少分,我们组今天课上表现得很糟糕。

下课后,组长又开始了她的"长篇大论":"你们看看,这节课又没加分……"听到这里,我拿出英语书,摊开本子,准备写英语作业。她见状,拉扯着我的胳膊:"你给我好好听!"我只好把东西收拾起来,对她说:"好,你说吧,我洗耳恭听。"同时，向桑薇和增贤投出一个"视死如归"的眼神。

听到我这么说，组长愣了愣，但马上又回归状态。"王怡然，你说说你，你上课怎么就是不回答问题呢？你明明都会，为什么就是不举手呢？你要是举手，老师肯定叫你……"说着，她用拿着笔的手点着我。

"别用笔指向别人，容易伤着人。"我边说边"恭敬"地把她手中的笔拿下来，仔细地扣好笔盖，将笔放到桌上。"因为我不愿意举手"，我没她那么激动，平静地说。"为什么？你为什么不愿意？"她刨根问底。

我想了想，选了一个比较不会刺激她的措辞："那我问你，如果有人现在让你去出家，你愿意吗？"

"我……"

"你不愿意"，我替她接下，"如果我问'你为什么不愿意呢？'你会怎么回答？你也没法回答，因为不愿意就是不愿意，没有为什么。所以同样，我也是这样。"

"你……""好了，说完我了，接下来该轮到谁了？"我望向另两个人。组长终于反应过来，转头继续对增贤说："还有你，迟增贤！你也是，上课怎么就是不举手……"似乎是有些累了，她停了一下，喘了口气。

增贤张口想要说些什么，我竖起食指向她做了一个噤声的动作，还眨了眨眼，她心领神会，便闭上了嘴，任组长继续说下去。

"……你看看人家'精灵组''臻美组'，人家一节课加多少分，我们组呢？就是因为你们都不举手，才落在后面。如果你们都举手回答问题，我们组肯定是第一……"

"再说说你，桑薇！是，就算你上课有很多不会的，但是，读生词你会吧？念课文你会吧？那你为什么也不举手！"边说着，她的手指还不住地点着我们，都快指到我们的鼻子上了。

终于，桑薇沉不住气了，冲她说："王新好！你别用手指指人，多不文明！"

我赶紧拉拉她，让她别说了。见她还不服气，我便用书挡住半边脸，低声对她说："别跟正在发火的人讲'文明'，当心她发飙！"

说完，我俩窃窃地笑了起来。组长在一旁看得莫名其妙，但也能猜出我们说的话一定和她有关。突然，她站了起来，冲我大喊："起来！"我吓得打了个哆嗦,赶忙起身。她冲到桑薇面前,边把她拉起来边说:"走!跟我去办公室找陈老师!"看到她这样的举动,桑薇一时没反应过来,但也很愤怒:"凭什么!我不去!你放开我!"说着甩开了她的手,坐了下来。

组长见她这样,顿了一下,又对刚刚坐下的我说:"起来!我要进去!""……那你别再念叨了好吧?"我同她商议。她瞪着我,把我的课桌往外使劲一拉,我的笔袋就掉到地上了。我惊呼一声,离开座位去捡笔袋,她就顺势进去了,趴在座位上哭了起来。

这时,上课铃响了,老师走进了教室。

"上课!""起立!""老师,您好!"

组长还在呜咽。

老师说:"有一个同学没有站起来……我不知道她为什么哭,和谁有了什么矛盾,但是,我不希望她把情绪带到课堂上来,要做一个顾全大局的人……我希望,下课后,那个同学会给她道歉……"我感到自己的脸热得发烫,但是,错也不全在我们,是她说得太过分了,我们才会反驳的……我不禁在心里吐了吐苦水。

在我班的语文课上,可从没有人因为自己的事影响其他同学上课,影响老师的心情,否则,她就成了大家的公敌。组长是个冰雪聪明的人,她可不想因小失大,于是,她坐直身子,擦干眼泪,专心听讲,一切正常。

第三节课,我们要考试。课间,我翻着书复习着,但心里很乱,不时瞟一眼旁边正在看书的组长。"丁零零——"上课铃响了,老师拿着卷子走进了教室,然后很快发卷。时间在一分一秒地流逝,做完科学卷子,我们又发下了品德与社会卷子。教室里静极了,只能听到笔尖划过卷面的沙沙声。终于,我做完了最后一道题。检查一遍后,我把卷子放到一边,趴在桌子上,偏头看着组长,她还在答题。我开始看她的卷子。第一题、第二题、第五题……第七题。第七题的"腐生细菌"她怎么只写了"细菌"?还有后面两个填空题也答错了!看到这里,我习惯地伸出手指点了点她的胳膊。突然,我想起来,我们不是在吵架吗?!那还跟不跟她说呢?这时,她已经转过头来看我了。我微微弯了弯嘴角,把声音压到最低:"第七题应该是腐生细菌和二氧化碳……"

下课后,组长拿出书来,边翻边冲我尖叫:"王怡然!这道题应该……"嘿嘿,我们又和好啦!

课间"大战"——

和平落幕。

老师,我错了

赵 腾

今天是一个不幸的日子,灰色的日子,我永远也不会忘记的日子。

我今天上午在音乐课上和王世超打闹,不守纪律,午读时又迟到20分钟,连犯两错,不但违反了班规,还让我们"精灵组"失去了100分!这不仅是100分的问题,还让我们小组的其他成员很伤心。这100分,我一个星期都挣不回来,我知道我不应该。我不应该只会给组里丢分,不挣分,没集体观念,应该像别组的男生一样做女生的保护伞,给女生当榜样,像个男子汉那样顶天立地……因为失了100分,三个女生都哭了!想起我们组三个女生的眼泪,想起她们红红的眼睛,我暗暗地骂自己:"真不是东西!真混蛋!作为组里唯一的男生,我都干了些什么?"老师,这次您没有严厉地批评我,只是要我向其他小组的男生学习,可我心里更难受,您还不如狠狠地批评我一顿呢,或许那样能减轻一点我的愧疚感。

老师,我错了!

瞧,这就是我们仁贤班的学生!有担当,有情义,知错就改……

(十) 谢谢你们为我减负

班级是个大花园。在我眼里,每个学生都是一朵小花,他们竞相绽放着自己的美丽,散发着特有的芳香。身为班主任,我常常陶醉在这沁人心脾的花香中,享受着,快乐着,幸福着。

1. 教室里

清晨当我走进教室时,看见学生们已经在干干净净的教室里开始晨读了。我总会有种暖暖的感动。感谢我的班长和科代表,是他们,减轻了我的负担,为我解除了后顾之忧!我不用亲自督阵,也不用时时盯着学生。每天早晨,他们都会早早地来到教室,在黑板上赫然地写好早读的任务,然后打开窗户让清新的空气透进来。不管自己是不是值日生,他们总是主动地拿起笤帚,帮值日生扫好地,均匀地洒上水,把桌椅上的尘土擦净,再一一摆放整齐。从讲台上的粉笔板擦的摆放,到角落里卫生用具的安置,一切都那么井井有条,就连墙角里美化教室的花草,他们都及时地给它们洗一洗"澡"。当教室里光洁如新时,他们又加入早读的队伍中去了……一走进我班教室,你便会有种清清爽爽的感觉,再加上朗朗的读书声,定会让你情不自禁地驻足,让你流连忘返!课间时分,卫生委员总会带领几个同学到卫生区巡逻,发现有垃圾就捡起来。班里的"无纸管理"让我省去了很多麻烦。

记得有一次,因为连着上了三节课,我的嗓子干得像着了火,竟发不出声来,我扶着墙,弯下腰,捏着嗓子直咳嗽,有种窒息的感觉,仅一会儿工夫,眼泪都憋出来了。学生们被我的样子吓着了,一个个面面相觑。为了不打扰他们学习,我快步走到教室外,仍旧不停地咳嗽。这时,坐在前排的科代表飞快地跑出来,手里拿着一瓶水。她一手不停地给我捶背,一手给我递过水来,担心地问道:"老师,好点了吗?漱漱口吧。"我比画了个"没有事,不要紧"的手势,示意她先回教室管好班级的纪律,安排其他同学学习。她读懂了我的意思,转身跑回教室。过了十几分钟,我的嗓子缓过劲来。当我返回教室,教室里鸦雀无声,他们都在写作业。刹那间,我的心不由得温润起来。

2. 餐桌前

每天中午,我都和学生们共进午餐。桌长总是先给班里的其他同学盛好饭后,再给自己盛,然后等老师来了再吃。于是,桌长成了我们班餐桌上的最后一个学生,而我也有了一个吃饭的伙伴(每次送完学生我才吃饭)。有一次,我因为外出听课回到餐厅时有些晚,只见桌长正站在门口张望,我问她:"怎么还不去吃饭,在这里干什么?"她笑着说:"老师,我在等你啊!"我的心里满是感动,牵着她的手说:"谢谢,你真是我的好学生。"能遇到这么懂事的学生,不是为师者平生的一大幸事吗?

老师爱学生,天经地义;学生爱老师,理所当然。爱是相互的、真诚的,双向的爱才是完满的。

爱在哪里,哪里就会开出花来。

(十一) 响鼓也需重锤敲

我们常说响鼓不用重槌敲,其实不然。在教育教学中,不难发现,那些原本不显山不露水的学生步入社会后成为后起之秀,令人刮目相看,让人高兴又颇为惊诧;而有些学优生在校引人注目,但步入社会后表现平平,有的甚至误入歧途,让人扼腕叹息。学优生"高开低走"的现象告诉我们:班主任不仅要关注学生的学习成绩,还要加强他们的思想品德教育,做到双管齐下,从而保障他们的可持续发展。

有一年,我接任的班级是新组建的。班长王晓是毛遂自荐的,她有担任班干部的历史,聪明、要强、泼辣、大方,学习很好,是本年级第一名。其他同学没提出异议,用掌声表示对她的拥护和支持。开始时,她干得很起劲,后来暴露出越来越明显的骄傲情绪。她说起话来盛气凌人,常利用手中的权力发号施令,但她自己不能以身作则。渐渐地,同学们对她有了看法,隔三岔五就有人来找我告她的状。有些调皮的男生还故意和她唱反调,不听她指挥。班级纪律出现危机。她工作热情有余,但是方法不对。我意识到她出力不讨好的原因后,私下里找她谈了几次话,先肯定了她的成绩,然后委婉地指出她的不足。没想到如隔靴搔痒,她依然我行我素,不见成效。班里怨声载道一片。我很生气又很矛盾。把她撤了,另选他人?肯定会伤她自尊;不撤,任其自然发展,更不好,这样会让她走向另一个极端——骄傲自大、刚愎自用,况且这是在拿整个班级开玩笑。一个好的班长顶半个班主任,她可是班级的形象代言人。说实话,通过这段时间的观察,我觉得她很有才,不让她担任班长的话,挺可惜的。思忖再三,我决定继续留用她。都说响鼓不用重槌敲,现在我必须"重拳出击"了。既然温话软语不行,那就来场"狂风暴雨"吧。那天放学后,我把她叫到办公室里声色俱厉地数落了她一顿,特别是最后那句话说得很重:"如果你不能以身作则,继续我行我素、自以为是,和同学的关系进一步恶化的话,那你就主动辞职!想继续干,就回去好好反思!"话一出口,我觉着有些重,担心她辞职。对她而言,这是有史以来最严厉的批评了。她哭了,很委屈的样子。我也很心痛,不到特殊情况我是不会用这种方式的,何况是个小女生。长痛不如短痛。我在心里对自己说:"孩子,我知道你难以接受,可为了你更早更快地改掉身上的毛病,为了你今后的健康发展,我必须这样做啊。"我拍拍她的肩膀,为她擦了擦眼泪,又和颜悦色地对她说:"你是个聪明的孩子,我相信你会改正错误,成为一个优秀的班长的!""老师,我错了,您说得对。以前您找我谈话,我都没太当回事儿,这次我会改正的。"第二天,她在我的语文书里塞了一张纸条。我趁热打铁,回赠她:"我信你,必要时老师会帮你的。"事实证明,我的做法是正确的。自从那次批评之后,她不再颐指气使、高高在上,而是和同学们打成一片,事事积极带头。在我不断"敲打"之下,渐渐地,她的人气又旺了起来,威信大增,班级工作开展得很顺手,卫生、纪律、学习都管理得井井有条。有了这个小助手,我的班级管理工作也轻松了许多。

在周记《宝贵的批评》的篇末,她写道:"不经历风雨怎能见彩虹?感谢老师那次严厉的批评,她让我这棵'小树'健康成长;如果没有那次批评,我在班里就是一个孤独的人,谁愿意和一个骄傲自大的人相处呢?如果没有那次批评,我会变成什么样子啊,简直不堪设想。忠言逆耳,良药苦口。老师,谢谢您!"

王晓的成长告诉我,成长是圆不是点。对学生的成长要全面关注,无亲疏之分,无贵贱之别,没有理由放弃学困生,也没有理由放任学优生。一个人的成长过程是漫长的,是一场马拉松赛跑,而不是一场短跑比赛。每一个班主任都喜欢成绩优秀、学习勤奋刻苦、遵守纪律的学优生。正因如此,我们在看他们的长处时,就淡化、漠视或放任了他们的缺点。正像看不到学困生的优点一样,对学优生的缺点往往会视而不见。这种做法会使学优生的缺点成为其人生发展的隐患。因为他们在顺境中成长,常被鲜花和掌声包围着,心理上有种满足感和优越感,若不加指引,会滋生种种不利于其成长的心理障碍和错误行为。恰当而有效的引导,能够使他们未来的天空更广阔、世界更精彩!

(十二)给学生一个成长的支点

班里有个女生叫刘迪,长得又小又瘦,不算标致。她的脸上很少有表情,走路时总低着头,说话怯怯的,那声音仿佛是从嗓子眼里挤出来的,让人听了很不舒服。她上课从不举手,学习成绩D级。班里的"调皮鬼"常常捉弄她。她是个很容易让人忽略的学生。刚接班时,我对她没有好感,就像郑振铎笔下写的第三只猫。有时,她哭哭啼啼地来告状,说这个男生骂她,那个男生打她。一开始，我挺同情她的，还能客观地帮她"断官司"，可过了一段时间，她还是三天两头地来"哭诉"，看到她那个样子，我也就没有了好态度。每当看见她进办公室，我的头就大了。"你又怎么了？怎么就你事多！都像你这样，我还用备课批作业吗？""老师，不是我的错，他们那些男生……"原本细如蚁足的声音似乎更低了。"一个巴掌拍不响！"我猜得出她要说的下文，未等她说完，我就打断了她的话，然后，草草地把她打发走了。为了让她不再隔三岔五地"骚扰"我，我在班里郑重地下了"死"命令："谁要是再去招惹她，我就开除谁的班籍！"那些"调皮鬼"可能被我的话蒙住了（我哪有权利开除学生的班籍呀），班里还真太平了！只是她"涛声依旧"，常常一个人坐在座位上，面无表情。直到那一次，她终于"旧貌换新颜"了。

清楚地记得那是开学后第五周的周一。我一到教室，照例把教室巡视一遍。忽然发现角落的桌子上多了两盆吊兰。"咦？这是谁拿来的呀？""刘迪"，有人告诉我。"刘迪？"我又惊又喜。我笑吟吟地走到她身边，拍了她的肩膀："刘迪，谢谢你了。告诉老师，你为什么拿花来？""我发现教室里有股异味，这些味儿有毒。以前我家里刚装修完的时候，我爸爸买了许多花放在屋子里，说植物能净化空气，吸收有毒气体。""你真了不起，还知道这么多科学知识，今天你真让老师刮目相看！"我摸着她的头说。只见她的脸上露着羞涩的笑容。那一刻，我觉得她好美！我决定趁热打铁，当着全班同学的面为她做一次"广告"，让所有同学都对她刮目相看。"同学们，你们注意到教室里多了一抹绿色吗？这是刘迪同学发觉教室内有异味主动从家里拿来的。你们看，她多么细心，想得比老师还周到。现在，我们班的功劳簿上又添了光辉的一页。我想，如果刘迪同学走路时昂起头来，说话声音大一点，上课再积极一点，她一定会成为我们班一颗耀眼的新星！"话音刚落，教室里响起了热烈的掌声。我看见刘迪的脸上出现了明朗的阳光之色。说来奇怪，自从那次表扬之后，她与之前判若两人，性格开朗了，说话的分贝也提高了，更为可喜可贺的是她的学习成绩由 D 级上升到 C 级。

小深，长得非常可爱，可惜的是，他有严重的智力障碍。除了会写几个生字，字写得比较好看，看点课外书外，对他来说，学习是他的死穴。每次看到别的学生在课堂上正常学习时，我常常为他惋惜，于是，不再抱怨他给班级成绩拖后腿了。命运对他已经很不公平,我为何还要雪上加霜?我不强求他记住什么,只要他每天能安分守己、高高兴兴就行。两个月就这么淡淡地过去了。

没想到自班级开展吟诵活动以来,小深活跃了起来,总是笑嘻嘻的。第一次班级吟诵展示,他吟诵的是《望洞庭》,用的是陈琴的调子,吟得有板有眼,同学们震了:"小深能背过一首七言绝句?""他能吟得这么好?"……他比班里那些学优生吟得还有韵味!这真是个奇迹!我也惊了。掌声不由自主地响起来。大家一起为他喝彩!对他来说,这可能是他人生的一次拐点。从此,他喜欢上了吟诵,并且能背诵十几首。

有一阶段,学校的送路队要送到一里多地的路口。路上,总有个别学生管不住自己的嘴总说话,于是我倡议:"与其说闲话,不如边走边吟诗"。大家欣然响应。小深就是其中之一。"老师,我今天会吟《墨梅》了,您听听。""你真了不起,还能用程斌的调子,明天再把《石灰吟》吟给我听好吗?""好!"第二天,他果然吟出来了。"你能把它写出来吗?"他犹豫了一下,点了点头,"我试试吧"。"你什么时候能默写出来,就告诉我,好吗?"我轻轻地拍了拍他的肩膀。连着两天他都吟诗给我听,前后左右的同学也给他助阵。"老师,明天早读我默写诗给您看。"他语气坚定,还带着小小的骄傲。以前在课堂上,一节课让他背一首诗都得费九牛二虎之力,我还得盯着他。他居然写出来了,而且准确无误。天呐,这真是奇迹!我有些难以置信,问道:"真的吗?你是怎么写会的?"他说他每天晚上回去写那几首诗,说着拿出本子给我看。"你能不能每天把生字写会?"我得寸进尺。"能!"这次我不再怀疑他。

考场上,他老老实实地答题,虽然阅读题他还是一片空白,作文写得满满的却没有一句是通顺的,只有几个生字和古诗挣来的少得可怜的分数,但是他在学,这似乎就是他 365 个日子结的果实。

可当我看到他每天笑眯眯地来到教室,每天主动找我自豪地吟诗时,就觉得他在 365 个日子里收获的不仅是那点分数,还有生命中更重要的东西——快乐,健康人生的底色。

阿基米德说:"找一个支点,可以把地球撬起来。"赏识是学生发展的最大动力。老师每一个鼓励的眼神、一次正视、一句富有暖意的话语,都可能令学生终生难忘。老师如果找准赏识这个支点,抓住教育的契机,便可能会极大地促进学生的成长,加速他们的进步,甚至改变他们的一生。

(十三) 以爱育爱

学生对老师的依恋,在不在校的日子里最为强烈,在那个时候也最能体现他们的自律性。以下为我外出学习时,我班学生写的日志。

老师不在"家"的日子

王 瑞

老师出去学习了,一个星期。太漫长了。

老师外出学习的日子里,我的心里总是空荡荡的。老师没来,所以每天一连上六节数学课,本来一天只有两节,又加了四节。语文课是别班的老师给我们上的,终于有人给我们上语文课了,我们很高兴。可是老师没有讲新课,只是让我们练字。就这样,我们连上了三节写字课。

周一竟然是王校长给我们上课,我们全班都惊呼起来。王校长一进门便说:"上课!"班长说:"起立!"我们都站了起来,很柔和地说:"老师您好",因为陈老师喜欢这种亲切温馨的语气。"说话要坚定有力,有气势,让人精神振奋。应该这样……"说着,王校长给我们示范了一遍,然后我们跟着说了一遍。接着,王校长带着我们一课课地复习。王校长是个风趣的人,说话很有意思。就这样,在笑声中我们上完了两节课。王校长的幽默让我找回了一些陈老师给我们上课的感觉。

周二一大早,我和王新好、冷雅萱一块上楼。当走到五年级办公室时,我们看到了陈老师。"陈老师回来了!陈老师回来了!"我们边跑边喊着,此时的我们欢快得像小鸟一样,张开翅膀扑向了陈老师,我们和陈老师紧紧地抱在一起。陈老师不过才七天没来上课,我们却觉得像七年没见她似的。"陈老师,我们想死您了。"我们三个人紧紧地抱住陈老师,簇拥着她来到教室,开始快乐的早读。

其实,和陈老师才一周不见,就如此想念。师生情深呀!

亲爱的老师,我们爱你!

以下为学生陈晓对班级的赞美。

谁不说俺班级好

陈　晓

"爱"是一个最有温度的词汇,它给人的感觉惬意美妙。很幸运,我就生活在这样一个爱意浓浓的集体里。

45个同学45枝花,45个兄弟姐妹是一家! 这是对我们六年级二班最好的写照。我班有男生30人,女生15人。虽然我们面貌不一、性格各异,但个个生龙活虎,都有一颗爱人的心。我们爱学校、爱班级、爱老师、爱同学!

先说说我班男生眼中的女生吧。

一提起我班的女生,我们男生会不由自主地竖起大拇指。她们学习用功,无论上什么课都规规矩矩,作业认认真真,成绩普遍较好,语文考试不及格的名单里从来没有她们的名字;她们善解人意,从不会因为纪律问题让老师伤神;她们心肠热,只要我们男生有问题要请教,她们总是有求必应;她们的责任心强,只要碰到给班级增光添色的事,她们都会全力以赴! 正因如此,她们常常是老师的"放心单位"和"免检单位",我们男生羡慕极了! 哎! 谁叫我们的表现没那么出色呢! 不过,我们也不甘示弱,现在我们男生向女生下了挑战书:"暂时的落后并不代表永远,我们会反败为胜的! 女生们,我们骑驴看唱本——走着瞧! "

再夸夸我班女生眼中的男生。说起我班的男生,那真叫"男子汉"。虽然他们的学习成绩不太突出,写字不太美观,可他们做事干脆利落,从不拖泥带水,效率高,只要有脏活累活,他们总是自告奋勇,一马当先,任劳任怨;他们心胸宽广,很有绅士风度,不会因一点小事和我们女生斤斤计较;课堂上,他们不管对错总是敢于发表自己的看法,不时地会说几句时髦的话来活跃课堂,不像我们女生羞羞答答的;课间,他们顽皮得像猴子,自习课上却像绵羊似的,乖乖地做作业,因为他们不愿自己的违规拖累左邻右舍;他们心细如尘,当老师嗓子有些沙哑时,他们会偷偷地买盒金嗓子喉宝放在老师的抽屉里;当老师和他们打完篮球将外套忘在篮球架上时,他们会给老师送到办公室;班级大扫除时,不管他们是不是值日生,总是抢着干活,让女生"靠后",说什么累活儿苦活儿男生优先。这不仅让老师感动不已,更让我们女生幸福感十足;只要是给班级争光的事,他们都会"疯狂"地做好,让我们女生佩服得五体投地。因此,当他们有求于我们时,我们二话不说,谁叫我们是一家子呢!

瞧!这就是我们班,一个其乐融融的大家庭!相亲相爱的一家人!

班主任和学生心有灵犀,师生彼此读懂,这是班级管理工作高效的重要原因,也是班级管理的最高境界。当班级成为师生的精神家园时,标志着班级文化的形成。

班级文化一旦形成,对学生的成长有着深远的影响。我曾从一年级带过一个班,因为实行小班制,到三年级下学期就要分班了。那时候,我班的学生、家长以及我本人,都很难接受这个现实,因为两年多的朝夕相处,我们有了一家人的感觉。虽然有许多不舍,但根据学校安排,我被调去教六年级。虽然不教他们了,但班级文化对他们的影响是显而易见的。以下为当时分班后学生写给我的两封信。

给陈老师的一封信

宁致远

敬爱的陈老师:

您好!

拿起笔,我很激动,也很兴奋。激动的是终于有机会给您写信了。兴奋的是我可以不用顾忌,把内心的话都说出来。

还记得第一次写信是在一年级结束的一个暑假里。那时我不会写信,全靠妈妈帮我。这次不一样了,我自己就能完成。我有好多心里话要跟您说。虽然我们在一个学校里,经常见面,但有些话当着您的面我说不出口。就像妈妈常说的,我不善于表达,喜欢把话埋在心里。听到学校要分小班,您不再教我们的消息的时候,妈妈哭了,我也哭了好久好久……那天晚上,我们一家人几乎没吃饭,那几天我都不想上学了。那段时间,我整天处于恍惚的状态,感觉自己像个被遗弃的孤儿。原本在班级名列前茅的我,成绩下滑得很厉害。更可笑的是,那一阶段,我认为学习没有什么用,陈老师不教我了,再优秀她也看不见。我的低落让妈妈很失望,也很伤心。好几次,妈妈想给您打电话,但怕打扰你。您的愿望是把我们这个班一直教到六年级。但是您的希望破灭了。您培育的"小树苗"被分到了各个"小树林"里。不再是我们那个夏天凉、冬天暖的"大树林"了。

虽然您教的是六年级，但我们还能经常见面。每次去办公室，您都会摸着我的头问我："最近学习怎么样？有没有掉队？适应新老师、新同学了吗？"其实当时我好想说不适应、不喜欢。但是我没有说，只是点点头。您虽然不教我了，但仍让我每周把练习字送到您的办公室，我知道您怕我后退，这是对我的关心。二年级的时候您就说我的字在级部里是最美观的，作文是写得最棒的。想起这些，我的眼泪不由得流了出来。您不教我了，还这么关心我，我真的是受宠若惊，您的关心给了我前进的勇气。

虽然现在我的成绩没有名列前茅，不过，比刚分班时进步了，心情也渐渐舒畅了。我坚持每周练字，坚持写周记，坚持每天阅读……这些好习惯都是您帮我养成的，我一定坚持到底，不让您失望。

祝您万事如意，身体健康！

给陈老师的一封信

孙　婷

亲爱的陈老师：

您好！

自从分了班，很少见到您，您的嗓子好了吗？您还记得我们班的人吗？您是不是已经想念我们班的同学了？多么希望您能一直教我到六年级啊！

您还记得三年级的时候，那个执着地等了一天想让您参加她的生日宴的小女孩吗？过生日的前一天早上，我把自己精心做的邀请函放到您办公桌子上的键盘下压着，还露出一个小角。最后放学的时候，您叫我去办公室，告诉我第二天您要去培训，不能陪我过生日了，并送给我一支钢笔作为生日礼物。您还给了我一封重要的信，特别嘱咐我，让我回家再看。亲爱的陈老师，我多想让您再多教我几节课呀，如果当时不分班，该多好。

记得还有一次，您嗓子不好，去做手术了，我们的语文课由徐老师来上。我每天都会在您办公室门前的窗户边儿上做着鬼脸,盼着、等着您回来,吓您一跳。后来,您回来了。我悄悄地趴在窗户前看您。您做了手术不能上课,要恢复一段时间,见您的气色一天比一天好,我的心情也一天比一天愉悦。到了您可以教课的那一天,我们班的每个人都跟您说了一句话。我跟您说:"陈老师,我很想您,您不在的时候,我每天都在办公室门口的窗户上往外看,盼着您早日回来。现在,虽然您不教我了,但是每当走到您的办公室前,我依然会情不自禁地停下脚步,目光投向您的办公桌……"

祝您开心每一天!

每次读这些信的时候,我的眼泪就不由得涌了出来。被学生们的情义深深地感动! 我想,能用心灵对话才是教育的真谛。

教育是育心的工程,班主任只有将自己变成孩子,才能走进孩子的世界,与学生们同频共振,共享生命的成长。

苏霍姆林斯基说:"在道德教育中起着巨大作用的是敏锐精细的道德情操,义务感、敏感性和同情心的形成很重要。生活的意义就在于进行这种精神创造。"班主任应培养学生学会关注别人的精神世界,让学生在精神上给予别人温暖的同时,自己从中感受到快乐;应让学生们学会感受别人的痛苦、忧伤和不幸,并和需要同情帮助的人共忧患。没有对人的同情心,就不可能有仁爱精神。情感的敏锐性和情操的素养犹如一种动力,让每个学生在班里有一种存在感和价值感。在我们班里有这样一个不成文的规矩:能为他人开一朵花,对班级、对同学做好事、有益的事和有用的事,这是品德高尚的表现;只想着自己,这是可耻的行为。非常重要的一点是,要让那些能显示这种思想本质的行为充满高尚的情感,也让学生感受个人对可耻行为的不容之情。当一个人从未为别人做过些什么或提供过帮助,这种情感会使他感到很不坦然。所以在我们班,没有人愿意被人说成"自私鬼",大家都尽可能地为别人着想。当他们看到自己的善行能够给别人带去快乐,他们便会很自豪。正如巴金所说:"生命的意义在于奉献而不是索取。"

以下这些稚嫩的诗歌,不正是生命蓬勃发展的宣言吗?

我不期望回报

王彦红

我帮助了你，
不为所求。

如果帮助就是为了报答，
那我将多么卑微。

如果，你是船帆，
我愿意是推动你前进的清风；

如果，你是红花，
我愿意是衬托你鲜艳的绿叶；

如果，你是蓝天，
我愿意是装点你姿容的白云；

如果，你是大树，
我愿意是让你扎根的泥土；

如果，你是小鸟，
我愿意是让你安家乐业的森林。

哦，朋友，
请让我来帮助你。

我，未必能使你成功，
但我一定可以使你快乐。

我乐意

王　记

当你生病时，
我乐意是医治你的良药；

当你生气时，
我乐意是你的出气筒；

当你遇到危险时，

我乐意是你的贴身保镖；

当你寒冷时，

我乐意是温暖你的火焰；

当你失败时，

我乐意是你永远的加油站。

哦，朋友，

如果你需要帮助，

请跟我说。

我会为你赴汤蹈火，

勇往直前。

三、仁贤班的课程文化

课程能助推班级的内涵发展，为学生的成长提供强有力的支撑。班本课程是班级文化形成的有效载体。仁贤班的课程以"诗意装点童年，阳光奔向未来"为课程理念，以培养"有情义、有自信、有梦想、有智慧、有担当、有毅力、有情趣的人"为班级发展目标，对学生的成长做了较为系统的规划，积极探索"学科教学 + 班级活动 + 家庭教育"三位一体的诗化育人模式，构建了"仪式课程、节日课程、悦读课程、环保课程、四季课程、游戏课程、艺术课程、劳动课程、研学课程"系列课程，将每一个专题课程作为一个项目来做，又将其细化为几个主题，通过班本课程这个抓手，让学生的成长"看得见"，让家长的陪伴"有意义"，让教师的勤勉"有尊严"，培养具有"五爱两有"（即热爱生命、热爱生活、热爱劳动、热爱学习、热爱自然，有家国情怀、有审美情趣）特质的班级代言人，从而为学生的未来发展奠定坚实的基础。仁贤班班本课程如图 2.1所示。

有情义、有自信、有梦想、有智慧、有担当、有毅力、有情趣

| 仪式课程 | 节日课程 | 悦读课程 | 生态文明课程 | 四季课程 | 游戏课程 | 艺术课程 | 劳动课程 | 研学课程 |

- 仪式课程
  - 开学课程
  - 毕业结业课程
  - 生日课程
- 节日课程
  - 传统节日课程
  - 重要节日课程
- 悦读课程
  - 好习惯课程
  - 爱心课程
  - 成长课程
- 生态文明课程
  - 中国植树节
  - 世界地球日
  - 世界环境日
- 四季课程
  - 春之歌
  - 夏之韵
  - 秋之实
  - 冬之洁
- 游戏课程
  - 传统游戏
  - 童真童趣
- 艺术课程
  - 一首曲
  - 六首歌
  - 身边美
- 劳动课程
  - 合格值日生
  - 家务小能手
  - 小小美食家
  - 科学小制作
- 研学课程
  - 走进家乡
  - 走进自然

"五爱两有"班级代言人

热爱生命、热爱生活、热爱劳动、热爱学习、热爱自然，有家国情怀、有审美情趣

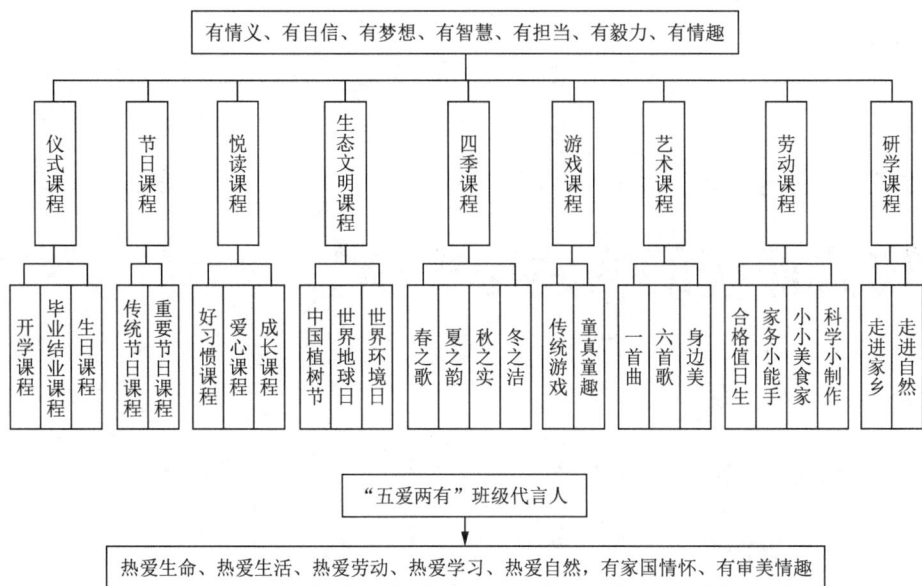

图 2.1 仁贤班班本课程

第三章
仪式课程的构建与实施

一、开学课程

做任何事情都应有始有终、有头有尾,这是生命教育中不可缺少的一课。

法国童话《小王子》里写道:"仪式感就是使某一天与其他日子不同,使某一时刻与其他时刻不同。"心理学家荣格说:"正常的身心需要一定的仪式感。"从某种意义上说,仪式感是一种认真生活的态度,是一种让自己和身边的人变得更好、变得与众不同的途径。生活需要仪式感,平常的日子因为被赋予了爱、感恩、纪念,才显得弥足珍贵。培养学生的仪式感,其实是在培养学生一种热爱生命、热爱生活的态度。对于身心正处在快速发展期的小学生来说,这很有必要,也很重要。如此,可以使学生对校园生活、对学校、对班级、对老师、对同学充满无限憧憬,让其童年生活更加丰富多彩。

在班级日常工作中,班主任应抓住那些关键时刻,通过某种仪式点亮普通的校园生活。仁贤班的仪式课程主要抓住了开学第一天、学年结束、小学毕业、生日等关键节点,培养小学生仪式感,最终形成了开学课程、毕业(结业)课程、生日课程。

这些课程如何实施,需要班主任在开学前做好备课。

(一) 开学前的准备

学科教师开学前都要提前备课,深入研究教材,研究学生,班主任亦不例外。因为没有固定的班级教材,所以无论是中途接班还是跟班,班主任更要做好"课前"准备。开学前的准备就如同开学课程的前奏。

1. 备自己

新学期,新样态。班主任应以怎样的姿态出现在学生面前呢?告别假期,有的班主任会继续跟班,有的班主任会新接班,无论哪种情况,班主任都应以新的姿态出现在学生面前。倘若班主任如沐春风、满带激情地走进教室,想必学生们会欢呼雀跃。我喜欢用文字的方式和学生分享。每逢新学期开学,我都会写篇文章来抒发自己对新学期的期待。

新学期,你好

新学期,你好!

你如初春的一抹新绿,渲染了我满腔的教育激情。那一张张纯真的笑脸热闹了静静的校园。亲爱的孩子们,新学期,我以什么样的姿态出现在你们的面前呢?

"有一个孩子每天向前走去/他最初看到的东西/他就成为那东西/那东西也成为他的一部分……"

读着,读着,我和孩子们一起走向诗和远方……

教育是什么?教育是一首韵在骨子里的诗,是师生共同写就的散文诗。孩子是最美的吟咏者。

诗篇里有美在流淌。

书香袅袅的教室里,阳光里透着暖香,我和孩子们开始了智慧之旅。"相约书香,共同成长",这是我和孩子们的约定;"老师,我们在文字里等您",这是孩子们发给我的请柬。徜徉在母语文化的百花园里,在思想的流光里,在心灵的交融里……我和孩子们一起品味学习的幸福。上下几千年,纵横几万里,自然、人生、社会……生动优美的语言向我们展现了色彩斑斓的大千世界。我们的思维在优游的文字世界里飞翔;我们一同饱览祖国旖旎的风光:一起《望庐山瀑布》,欣赏《三亚落日》的美妙绝伦,领略《钱塘江大潮》的蔚为壮观,到一碧千里的《草原》驰骋高歌,去四季如春的《西双版纳》的丛林探险……我们在光影悦读里任心儿轻舞飞扬:和孙悟空《大闹天宫》,与诸葛亮《舌战群儒》,和鲁滨孙漂流荒岛,与"共和国英雄"钟南山院士聊聊梦想……我们一起聆听《高山流水》觅知音,于《月光曲》中话成长……那间属于我们的教室,成了我和孩子们放飞梦想、开启心灵对话的乐园。带着一点小小的浪漫逶迤而行,我将孩子们和我的过往记录在文字里,连缀成一个又一个的小故事。山是水的故事,云是风的故事,孩子们就是我的故事,我便是他们的故事。我们都是故事的主角。透过灵动的文字,我看到梦想在童心中绽放。一个语文教师真正的精彩在于引导学生爱上阅读,爱上写作,爱上语文。时光深处,我看见了微笑的自己。

诗篇里有童心在荡漾。

体育课上,几个潜能生邀我打篮球,他们是班级的"灌篮高手",我欣然前往。在跑、抢、传、投的交锋中,我和孩子们的感情与日俱增,他们的学习也一天比一天进步,我的心也明艳起来。

"儿童是由一百种组成的／儿童有一百种语言／一百双手／一百个想法／一百种世界……"

每一个孩子都是一粒独特的种子。苏霍姆林斯基说:"要进入童年这个神秘之宫,就必须在某种程度上变成一个孩子。只有这样,孩子们才不会把您当成一个偶然闯入他们那个童话世界之门的人,而是当成一个守卫这个世界的看守人。"走到孩子们中间,每一刻,奔走在自己的热爱里,我变成了一个孩子。

选好云淡风轻、阳光晴好的日子,领着孩子们走出教室,听一听鸟儿清脆的歌唱,看一看满枝繁花绽放的笑靥,嗅一嗅泥土特有的芳香。那情、那景、那感觉简直不可形容,只觉得思维翩跹、情怀缱绻。周围喧嚣聒噪的世界仿佛一下子从地球上消失了,只留下一片静谧和恬淡。此时,孩子们乐不可支,就像《西游记》中那群住入水帘洞的猴子,一个个洒洒脱脱,鲜活可爱极了。大自然是最好的课堂,是思维和语言发展的源泉。走到阳光下,相拥大自然,怎一个"乐"字了得?

诗篇里有爱心在飞扬。

下雨天,我常带着伞,为孩子们挡雨;有时我无伞,孩子们争相为我撑伞。大雨中,空气里除了湿度之外,还多了一份温度。你看,伞下,三人一伍,两人一对,相互簇拥着向停车点走去。上车前仍不忘在雨中挥手,高声喊着:"老师,再见""老师,您快回去吧"。一幅好美的雨中行走画!伫立雨中,望着缓缓启动的校车,我的眼前禁不住湿润起来。谁说现在的孩子心中只有他自己呢?在爱中才能学会爱。

生活即课堂,无处不教育。当我们带着一颗诗心走进教育,那教育定然是温婉而饱满的。

"有很多我们需要的东西是可以等待的/儿童却不能等待/他的骨骼在不断形成/他在不断地造血/他的大脑在不断发育/对于他/我们不能说明天/他的名字叫今天……"

是的,儿童的名字叫今天。童年错过的,将无法弥补。作为一名教育者,我们要立即行动,带领孩子们向前走!

新学期,我来了!在晨光熹微中,等你。

学生也喜欢用文字表达自己对新学期的向往。以下为2016届一年级学生宁致远给我的一封信。

敬爱的陈老师:

您好!

拿起笔我不知道怎么写,妈妈说写一些心里话,想写什么就写什么,我就随心所欲了。陈老师,您看了,别笑我。记得刚上一年级时,我总是哭鼻子找妈妈,胆小、害羞;现在,我是活泼、勇敢、大方的阳光男孩。家里有一张您抱着我的照片,是数学老师用手机拍的。那是一年级开学的第一天。入学前,我一直是妈妈的"小尾巴",妈妈上哪儿我跟到哪儿。上学那天,当看到教室里的小朋友我都不认识而妈妈要走时,我抱着妈妈的腿不让她走。您看到了这一幕,对我妈妈说:"您先走吧,孩子交给我。"妈妈走了,我哇哇地哭了起来。这时,您蹲下身子,为我擦去眼泪,抱起了我,笑着对我说:"致远是个勇敢的小男孩,老师给你讲个故事……"听着听着,我不哭了,其他小朋友也都听得入了迷。您夸我勇敢,一个人上学,也夸其他小朋友勇敢。您让我坐在第一排,并让我和幼儿园的同学坐在一起,我一下子就"忘"了妈妈。后来,妈妈把这张照片打出来并挂在了墙上,说这张照片很有意义,让我一直保留。

妈妈还说我现在的变化很大,当路队长也让我变得大方,敢大声说话,不像小女生啦。我的进步与您的帮助是分不开的。

我做得不好的地方也有很多。记得有一次我值日不认真,被罚重新打扫。那一次您好像真生气啦,我是小组长没有统筹好是我不对。我们不听话、不懂事,您的嗓子疼去打吊瓶,中午睡觉睡不着,我们几个男生总偷着说话,给您惹麻烦了。现在想想真不对,马上要升二年级了,我们一天天地长大,我相信同学们不会让您生气啦。妈妈常说我们五班的孩子有福气,跟着一位有责任心的老师,以前我不明白,现在我懂了。

假期不仅属于学生,也是老师的。陈老师,您别光顾着工作,要好好休息。

陈老师,我想您啦!特别盼望早点开学,这样可以早点见到您!我也很想念小伙伴们,我们一起学习,中午一起下棋、画画可有意思啦!一想到开学,我心里美滋滋的。

祝您身体健康,天天开心!

透过文字,我们看到师生都对新学期充满了憧憬,对彼此充满着期待。引发学生对未来的向往,点燃成长的希望,这不正是教育的目的吗?班主任诲人不倦,对学生要做到百看不厌,那么让学生也要对我们百看不厌才行,"两情相悦"才是和谐的、美好的。

2. 备学生

知彼知己,百战不殆。我们的教育对象是学生,所以要先了解学生。

如果是接新班,班主任要提前了解学生,不能和学生见了面却什么都不知道,手忙脚乱,有的班主任甚至会读错学生的名字。学校刚宣布班主任任职时,我就开始忙着收集有关学生们的各种信息。例如,向前任班主任、各科的任课教师了解班级学生的情况,随时记录下学生的只言片语,做到"未见其面,先知其人"。每次接新班,我都会提前记好学生的名字,并对名字进行解读。如果同学之间是熟悉的,除了让学生逐个做自我介绍外,我还会让其他同学相互介绍,主要以叙述故事的方式讲述这个同学的成长。

张铭同学眼中的"她"变得更可爱了。

瞧,她高高的个儿,白皙的脸庞,纤瘦的身材……她是老师的得力助手,是我们班的佼佼者。可是谁能想到一学期之前的她是这样的——

她是一个名副其实的坏学生,我们班的坏事总少不了她,如不写作业、打架、欺负同学。她在我们班没什么朋友，独来独往，成天疯疯癫癫的。因为她从不穿裙子，所以她还有个外号叫"假小子"。

她为什么会有这么大的变化呢？这还要从一学期之前说起。

那时候的我们都不愿意与她交朋友，但是我们的班主任陈老师，似乎看穿了我们心里的小九九。上课时，陈老师故意把她支走，与我们聊天，问我们为什么不愿意与她交朋友，然后我们就把自己心里的想法都说了出来。陈老师对我们说："友谊可以改变一个人，如果你们试着跟她交朋友，相信她一定会改变的！"我们似懂非懂地点了点头。

听了陈老师的话，我半信半疑：友情的力量这么大，真的吗？我决定验证一下。一下课，我就冲到她面前，她一脸不解地看着我。"我们交个朋友吧！"我鼓起勇气对她说。听到我的话，她的眼睛瞪得老大，一脸惊奇地看着我，过了好久才回答我说："你没吃错药吧？""怎么会呢？我是真的想跟你交朋友！""真的吗？从来没有人说想跟我交朋友。""那你愿意让我当你的第一个朋友吗？""当然愿意！"说着我们牵着手走出了教室。经过一段时间的相处，我跟她成了很要好的朋友。

有一次，我们出去玩时，我对她说："你为什么不写作业呢？""因为没有意思。""可是我不喜欢跟不写作业、爱打架的人玩，你愿意为了我改变吗？""如果我变好，你会开心吗？""当然了，我们是朋友啊！""那好，我愿意为了我们的友谊变好！"

那次谈话之后，她再没有不写作业，也不再打架，不再是我们班的"假小子"了。老师看到她的变化，乐在心里，挂在嘴边，经常当着全班的面夸奖她。记得她笑着对我说："这样的感觉真好！"她是一个天真、善良的女生。

功夫不负有心人，期中考试中，她的各科成绩从 D 级提高到 B 级，大家都对她刮目相看，越来越多的同学愿意与她交朋友，她成了我们班的"名人"。我想对她说："你这样真的很可爱，我喜欢这样善良、天真的你！"

她是谁呢？她就是我们班的王小妍！

从张铭同学的讲述中，我不但了解了王小妍的一段成长史，也深刻体会到同学间的交往对伙伴的影响，深感同伴互助的力量很大。每个人的成长都需要他人的肯定,这有利于促进学生的个性发展和持续发展。

备学生,就要听其言,观其行,察其心。从学生回答问题的声音大小、站姿等细节中,我捕捉到每个学生的自信度、礼貌、语言表达、知识储备、价值取向、优点、人缘、朋友圈等信息,获得了第一手资料。通过"你眼中的自己,同学眼中的你"的介绍,促进了同学间的交流,增强了同学间的感情,有利于良好班风的形成。

3. 备家长

家庭是孩子的第一所学校。家长是孩子的第一任教师,每个孩子身上都有家长的影子。家长是教育生态链中关键的一环。家长和班主任的目标是一样的,都希望孩子健康成长,品学兼优。初心相同,但家长能否助力班级发展?能否和班主任结盟?这需要班主任对家长的基本信息做全面的了解。

第一,我通常会第一时间查看学生的学籍档案,询问任课老师、前任班主任等了解家长的基本信息。等开学后和学生见面,与家长接触后再进一步了解。我常用表格的形式(如表 3.1 所示)将基本信息梳理好,以便在短时间内快速掌握家长的信息。这有助于班级步入发展轨道。

表 3.1 家庭基本信息

家庭成员称谓	籍贯	家庭住址	职业	电话	文化程度	婚姻状况
爸爸						
妈妈						
姐姐、哥哥、弟弟、妹妹						
爷爷						
奶奶						
姥姥						
姥爷						

填写这个家庭信息是为了更好地了解每个学生的原生家庭。根据此表统计出以下数据:男孩＿＿＿＿＿人,女孩＿＿＿＿＿人;其中父母双全,有一个圆满家庭的＿＿＿＿＿人;独生子女＿＿＿＿＿人;有兄弟姐妹的＿＿＿＿＿人;本地＿＿＿＿＿人;外地＿＿＿＿＿人;留守儿童＿＿＿＿＿人;平时由爷爷、奶奶或姥姥、姥爷照管的＿＿＿＿＿人。

这些数据不仅是一组数字,更是在班级工作中我经常要考虑的具体现实。班主任都有这样的体验,班主任操心多的往往是班级中那几个难管的学生和学困生。为什么这些学生的问题多、麻烦多?透过现象看本质,他们身上的问题往往都映射其各自的家庭问题。

独生子女和有兄弟姐妹的孩子不同,有父母陪伴的孩子和留守儿童不同,爷爷、奶奶带大的孩子和父母带大的孩子不同,男孩和女孩性别不平衡的班级与性别平衡的班级不同……这些因素都会直接影响孩子的成长。孩子的教育是一场无法撤回的直播,一辈子只有一次机会。苏联教育家阿莫纳什维利说:"如果不弄清楚家庭每一个成员在教育儿童中的作用,就没有,也不可能有对家庭教育的同义理解。教育者应该是这样的人:不束缚儿童,而是解放儿童;不压制儿童,而是尊重儿童;不草率对待自己的工作,而是精心培养儿童;不强迫儿童服从自己的意志,而是给予循循善诱的教导;不苛求儿童,而是听取儿童的意见。只有这样,它才能与儿童一起感受到很多令人鼓舞的时刻。"作为班主任,我要努力成为这样的教育者。

第二,建立班级微信群,进一步了解家长。开学前给家长写封信,站在"自己人"的立场,同家长交流自己的想法、需要家长配合的地方。通过沟通和交流,既可以拉近和家长的关系,又能进一步了解每个家长对教育的态度、对孩子的教育方式。班主任不把学生和家长当外人,才有可能让学生和家长觉得班主任是自己人,从而建立一种良好的师生关系和家校关系,形成统一的教育战线。以下为我担任一年级五班班主任时写给家长的一封信。

亲爱的家长朋友们:

您好!

我是一年级五班的班主任兼语文老师。非常有缘,因为孩子,我们在此相遇、相识。小学的时光,我将和你们的孩子一起走过,我们共有一个家——一年级五班。从此,我们将开启携手未来的时刻。希望您的孩子、我的学生能够健康成长、快乐学习,这是我们共同的愿景。带着我们的初心,一起出发!

我们未曾谋面,但我已满怀期待。期待孩子们带给我种种美好,期待和家长们一起见证孩子们的成长。

和大家分享一个故事:

有两个爱画画的男孩子是邻居。

第一个孩子的妈妈给独生子一叠纸、一捆笔,还有一面墙。她告诉他:"我会将你的每一幅画都贴到墙上,给所有来我们家的客人看。"

第二个孩子的妈妈给儿子一叠纸、一捆笔,还有一个纸篓。她告诉他:"我会将你的每一张画都扔在这个纸篓里,无论你对它满意还是不满意。"

三年以后,第一个孩子举办了画展,一墙的画人人称赞。第二个孩子没法展览,一纸篓的画,满了就倒掉,所有的人都只看到他手头尚未画完的那一张纸。

30年以后,第一个孩子成了著名的画家。第二个孩子却毫无作为。

家长朋友们,爱画画的两个孩子,为什么人生命运大不相同?答案是家长的教育方式不同,孩子的人生轨迹就不同。所以,当大家满怀期待地把孩子送到学校时,是否思考过这几个问题:怎样让孩子爱老师?怎样和小伙伴相处?怎样让孩子爱读书?

我们应该明确一种关系:孩子、家长、老师是一个教育共同体,只有我们形成合力,孩子的成长才有动力,才能给力。我们需要达成一种共识:教育是个"慢活"(老师+家长)。

爱心+耐心+恒心+信心=(孩子)坚实的基础。只有相互了解,才会理解、懂得,才会用洪荒之力支持班级工作,才能高度重视、密切配合。家长与教师必须步调一致,孩子才会跟上,不会掉队。

一年级,对于孩子来说是个全新的开始。它是小学的起始年级,是孩子成长的关键期,孩子的角色发生了变化:在幼儿园,孩子以"玩"为主;而在小学阶段,孩子要系统地学习和掌握知识技能,接受良好行为规范的训练和约束,还要参加各种集体活动。孩子能否从幼儿园时期的生活顺利过渡到小学生活,这需要家长有意识地唤起孩子的自我意识。我认为,家长在孩子入学前就该告诉孩子"你已经长大了,要上小学了,在学校里将学到许多的知识"等诸如此类的话。让孩子意识到,小学跟幼儿园是不一样的,逐渐意识到自己角色的变化。这个阶段的孩子应该努力从游戏的学习主体向文化知识的学习主体转变,即孩子应该逐步养成良好的学习习惯,逐步具备在大人的指导下独立完成作业的学习能力,逐步具备主动完成学习任务的良好习惯。家长应帮助孩子迈好成长的第一步,在规范中养成好习惯。

如果您的孩子在学习中已经初步具备这样的能力,那么您要做的就是继续鼓励和关注孩子,让孩子成长得更优秀、更自信;如果您的孩子在这方面还有所欠缺,那么您要做的就是发现孩子身上存在的问题,积极主动地和孩子的任课老师进行有效的交流。

孩子面对新环境、新老师、新同学时,一开始会不适应。家长要保持一种积极的心态,给孩子一个积极的暗示:你的学校很美!你的老师很优秀!你的小伙伴很棒!一定要加油哦!

父母是对孩子影响力最大的家人,您的一言一行会在潜移默化中决定孩子的成长。所以,即使您对孩子的老师有不满,也请不要当着孩子的面表达不当的言论。若有问题,请您第一时间和我联系。未来六年,我将和大家在一起。

开学在即,希望各位家长协助孩子做好开学准备,如学习用品、书包、小水壶。大家从现在开始就要放手,培养孩子的自理能力,让孩子学会自己收拾东西,自己整理书包,不要包办。

每个孩子好,我们这个班就好。班级荣辱和每个孩子的成长息息相关。因此,大家心里不仅要装着自己的孩子,也要关注其他孩子。我们一起用心经营一年级五班这个大家庭,让孩子们感受到什么是温暖、什么是情义、什么是集体、什么是互助,为他们的成长扣好"第一粒扣子"。以前我班的家长朋友是这么做的:下午放学时,主动在路口护送;教室里没有餐巾纸,让孩子带到教室大家一起用;教室里没有绿色植物,让孩子带到教室美化环境……点点滴滴,记忆犹新。感谢爸爸、妈妈心里装着孩子的所有的老师和同学。这样的集体不仅有老师的倾情付出,还有几十位父母的鼎力相助。众人拾柴火焰高,这样的教育不孤单,这样的孩子成长特别有力量!新学期,期待咱们一年级五班的孩子们有拥有这样的教育和力量!

作为语文老师,我格外重视对孩子语文素养的培养。听、说、读、写是语文的四项能力,其中,读和说在一年级尤为重要。

一年级孩子的识字量有限,需要家长陪同读书。可以你读他听,也可以通过喜马拉雅等 App 听读;本学期要阅读的书有《和大人一起读》《小猪唏哩呼噜》《大卫上学去》《大卫不可以》《365夜儿歌》。请及时买书,和孩子一起读。如果您有阅读的习惯,那么您的孩子有福了!如果您不爱读书,那您就要从现在开始逼着自己读书了。改变,从阅读开始。推荐您读一读美国作家崔利斯的《朗读手册》,走进书中,您会找到答案。

口头表达很重要,有一副好口才是现代社会必备的能力。一年级学生的识字量有限,又不会写,所以需要家长及时把孩子说话的内容记录下来。我想,这是记录孩子成长的一个不错的方式。我特别设计了专门的亲子说写本。

开学第一课,孩子要做自我介绍。请让孩子在家里从姓名、年龄、爱好、特长等方面进行模拟预演,您要当好听众和指导老师。我期待和孩子们正式见面的那份惊喜,更希望您的孩子能给同学们留下一个深刻的印象。

开学伊始,想说的还有很多很多,好在来日方长,我们可以通过班级微信这个平台,常交流、常沟通,成为相亲相爱的一家人!期待大家为班级发展献计献策,期待大家为孩子们的茁壮成长锦上添花!

天空飘来五个字:"那都不是些事!"因为一年级五班的背后站着53个家庭!

祝孩子们开心上学、平安回家!祝家长们工作顺利、阖家幸福!

4. 备学年计划

计划先行,事事在前。凡事预则立,不预则废。无论做什么事,事先有了明确的目标、详细的打算和安排,才能把事情做好。班主任的工作千头万绪、纷繁复杂,怎样才能做到杂而不乱?计划先行,在班主任工作中,我就尝到了其中的甜头。

面对一个新组建的班级,生源复杂,学情陌生。班主任的心里要有个总纲,即想把这群学生培养成什么样?想把这个班打造成什么样?自己该如何做才能缩短师生磨合的周期,让每个学生在最短的时间步入班级的快车道?

每次开学,我都会按照自己早就制订好的计划付诸行动,使班级工作抢占了一个制高点。卫生、纪律、路队、课堂、文明礼仪等方面,学生们的表现都如我所愿。我班连续两次被评为"文明守纪示范班"。这既是全班学生合作的成果,也是我有效计划的硕果。我是个急性子,做事讲究效率。我要求学生也如此。能三分钟做完的事绝不花五分钟。只要学校一安排任务,我便会和学生们一起在最短的时间完成,绝不拖泥带水。特别是遇到学生应该做却不会做的事,我会亲自示范。从教他们扫地洒水、擦黑板、挽窗帘到摆放学习用品、办板报、系红领巾、站姿、坐姿、写姿、读姿……只要是他们需要的,我都会耐心地教,直到他们会为止。到目前为止,我对学生的表现很满意。他们初步学会了自我管理、文明管理、艺术管理。

　　一个优秀的班级不是三天两日就能形成的。学生是动态的,班级管理也要与生俱进,班主任应及时调整自己的计划。我的班级还很粗糙,需要细致地打磨和雕琢,将"人治"和"法治"相结合,从而达到"自治"的管理境界。

　　学年计划是这一学年的打算,班主任要整合学校的德育计划进行合理安排。除了班级常规管理外,班级还要有自己的活动安排,从指导思想、班级现状、工作目标、重点工作、具体安排等方面进行规划。用列图表的方式比较直观,表 3.2 呈现的是具体安排。

表 3.2　班级管理计划具体安排

时间	课程内容	实施策略	课程目标
9 月	开学第一课	聊聊假期见闻	回归校园,适应学校生活
	庆祝教师节	举办"师恩难忘"主题活动,用自己喜欢的方式表达对老师的爱	培养学生的感恩之心,构建和谐的师生关系
	欢度中秋节	举办诵读活动	了解中秋节的来历、习俗,弘扬中华优秀传统文化
	一起过生日	9 月出生者过生日	培养仪式感,增进同学间感情,培养和谐班风
10 月	我爱我的祖国	举办"国庆节红歌比赛"活动	了解国家发展历史,培养家国情怀
	重阳节	讲 24 孝故事,为家人做一件开心的事	孝亲敬老,弘扬中华优秀传统文化
	游览校园	赏秋游园	感受秋天的美,培养审美情趣和热爱学校的感情
	一起过生日	10 月出生者过生日	培养仪式感,增进同学间感情,培养和谐班风
11 月	感恩节	举办"记住别人的好"主题班会	知恩图报,学会感恩

时间	课程内容	实施策略	课程目标
	阶段学习监测汇总	举办"我会学习"主题班会	乐学、会学,培养良好学风
	家校共育	召开家长会	家校协同,形成教育合力
	一起过生日	11月出生者过生日	培养仪式感,增进同学间感情,培养和谐班风
12月	冬至	做手抄报	农历的天空下了解冬至的习俗,传承中华优秀传统文化
	国家公祭日	举办演讲活动:铭记历史勿忘国耻	培养家国情怀
	期末复习指导	举办"学习锦囊"展示活动	培育"赶、比、超、助"的良好学风
	一起过生日	12月出生者过生日	培养仪式感,增进同学间感情,培养和谐班风
1月	元旦	举办联欢会	培养仪式感,永远对未来充满希望
	腊八节	做手抄报、做腊八粥	了解腊八节的来历、习俗,弘扬中华优秀传统文化
	校园冰雪节	玩雪	感受冬天的美,培养审美情趣和热爱选学校的感情
	学期总结	举办"我最美"评选活动	培养自信,促进个性发展和全面发展
	一起过生日	1月出生者过生日	培养仪式感,增进同学间感情,培养和谐班风
2月	过年	忙年、过年、拜年 拍照或录制视频	了解年的来历、习俗,弘扬中华优秀传统文化
	元宵节	做花灯、诵元宵 拍照或录制视频	了解元宵节的来历、习俗,弘扬中华优秀传统文化
	雷锋日:做新时代雷锋	讲雷锋故事,观看电影《雷锋》	学习雷锋精神,培养学生助人为乐的美德
	植树节:爱绿护绿	演讲《我是一棵树》	增强环境保护意识,关注生态文明
	妇女节	举办征文比赛:送给妈妈的礼物	感恩妈妈,弘扬孝亲敬老的美德

续表

时间	课程内容	实施策略	课程目标
	一起过生日	2月、3月出生者过生日	培养仪式感,增进同学间感情,培养和谐班风
4月	国家安全教育日	国家安全,你我同行	了解国家安全法,树立维护国家安全意识
	世界地球日	演讲:只有一个地球	增强环保意识
	游览校园	最美四月天赛诗会	感受春天的美,培养审美情趣和热爱学校的感情
	一起过生日	4月出生者过生日	培养仪式感,增进同学间感情,培养和谐班风
5月	劳动节:劳动最光荣	值日比赛	劳动是一切幸福的源泉,培养热爱劳动的习惯
	母亲节:遇见世上最好的爱	举办"特别的爱给特别的你"主题读书会	谁言寸草心,报得三春晖;感恩母亲
	一起过生日	5月出生者过生日	培养仪式感,增进同学间感情,培养和谐班风
6月	世界环境日	举办"我是垃圾分类宣讲员"主题活动	保护环境,从小做起
	游览校园	举办"夏之韵"征文活动	感受夏天的美,培养审美情趣和热爱学校的感情
	一起过生日	6月出生者过生日	培养仪式感,增进同学间感情,培养和谐班风
7月	党的生日	演讲:我崇拜的革命英雄;录制音频或视频发班级微信群	传承红色基因,崇尚革命英雄
	一起过生日	7月、8月出生者过生日	培养仪式感,增进同学间感情,培养和谐班风
8月	建军节	观看电影《建军大业》	传承红色基因,厚植爱国情怀
	七夕节	讲牛郎织女的故事,吟诵七夕诗词,录制音频或视频发班级微信群	弘扬中华优秀传统文化,培育文化自信

（二）建立系统管理网络

光有计划是不行的,要想计划落地,需要建立一个系统管理网络。

1. 建立计划系统

以前,计划只有班主任知道,然后到班上宣读一下就可以了。其实,应该让每一个学生都参与到班级工作中来。班级不只是班主任的,不只是班干部的,也是所有学生的。班主任应积极采纳学生提出的好建议。班级计划定下后,应让分管的小干部负责执行这些计划,他们会提醒大家。这样既培养了他们的责任感,又便于班主任节省出时间做其他事情。

2. 建立监督系统

班主任身兼数职,如果事事亲力亲为,难免会有所不周。小组之间应互相监督,个人之间应互相监督。兼听则明,偏信则暗。班主任不但要听他们汇报,还要深入班级调查,勤问,多看,防止"偏激"事件的出现。

3. 建立总结反馈系统

计划的落实光靠监督是不够的,还需要及时总结、鼓励,定期举办干部会,总结每周出现的问题和好的方面;每周评出优秀组长、组员、模范路队、优秀科代表。除了精神的鼓励,还应辅以物质的激励。

4. 建立互助的师生关系

让学生明白老师不仅要帮助学生,也需要学生的帮助,因为老师不是铜筋铁骨,会生病,有烦恼,也会流泪……让学生感到:老师和学生一样,都需要别人的关心。

二、开学第一课

新学期伊始,一些班主任刚接一个班,难免有些不适应,如学生在课堂上不能马上进入学习状态,师生关系处于游离状态,便会严重地影响教学的进度与质量。那么怎样才能使师生关系在最短时间达到和谐呢? 开学第一课很重要。

（一）开场与众不同

初次面对新生,班主任会很细心地观察每个学生,同时,会被学生们仔细地打量。学生们会不由自主地将现任班主任与前任进行比较,如长相、衣着、说话、讲课水平、脾气。他们还会根据自己的喜好去评判班主任。如果班主任初次亮相就能让学生们满心欢喜,那么师生和谐的序幕便拉开了。

经过两个月的假期,学生们回到校园,肯定有很多话要说。如果师生一见面就布置作业、讲规矩、进行测试,逼着他们的内心平静下来,那不是件容易的事,学生会觉得扫兴。班主任不妨站在学生的角度,给他们充分的时间聊天,先是自由聊,后全班聊,再师生畅聊,大家一起分享假期的体验和收获。

(二) 说话蹲下身子

如果说学识是一个老师的硬件,那么为人就是他的软件。班主任是在学校里与学生接触时间最长的人。班主任要时时处处把学生装在心里,全方位、多角度地了解学生,做到知彼知己,百战不殆。

接新班是一次新的挑战。万事开头难,只要班主任抓住"人们都有在新环境给人留下好印象的想法和愿望"这一契机,重新做起,从心抓起,师生共谱和谐曲,班级管理工作就会一路高歌、事半功倍。

三、又是学期开学季

又到了新老师即将上岗的时节了,不少年轻老师将担任班主任。作为一名老班主任,我愿把这些年来的体会与大家分享一下。

(一) 做好吃苦的准备
(二) 做好第一次"热场"的准备
(三) 做好课堂"保鲜"的准备

班主任工作虽然很累,但又其乐无穷。衷心地祝愿年轻的班主任们能够在班级管理工作的道路上一路高歌、精彩无限!

四、新学期,新版本

新学期,新气象,学生是在不断变化的。因此,上学期和下学期的管理策略应有所不同。很多习惯在第一学期已经养成,第二学期需要做的是如何将好习惯保持下去的同时,改正不良的行为习惯,使学生们健康发展。两个阶段的情况不一样,班级管理的重心就不同,采取的策略也就不同。第一学期,一切都是陌生的,班级管理从零开始。这一时期,班主任更加侧重对学生各种行为习惯的养成教育。第一学期抓得好,第二学期就水到渠成,管理起来相对轻松;反之,会给第二学期的管理增加难度。因此,第一学期的任务更为艰巨,在班级管理中具有举足轻重的作用。第二学期的策略要在第一学期的基础上做适当的调整,像讲课一样,常换常新。特别是相同的德育内容,要用新颖的或喜闻乐见的形式进行包装,引起学生们的好奇心,激发他们参与班级管理的欲望,从而开创班级管理的新局面。

第二学期班主任的班级管理工作通常会做如下调整。

(一)一分钟安全教育

由班主任强调变为学生强调,由教室到室外的厅廊,正好利用这一分钟让学生站队。最好的办法是让学生主动站队,而不是由任课老师或班主任强调。这样能够有效提高学生的安全意识。

(二)加强班级文化建设

让黑板报成为班级时事宣传的动态窗口,展示每天课堂的精彩瞬间、班里的好人好事、每周的好习惯以及好习惯之星等,结合学生的需要适时更换班主任寄语。

(三)与校俱进,与生同步

在学校的大同之下求不同,有相通之处即可。每周根据学生的表现制订好习惯,增强教育的针对性。没有针对性的教育是无效的,学生千差万别,对症下药才能药到病除。

(四)规范主题班队活动

班长主持、记录,全员参与,班主任补充。

（五）加强生生间的合作

班主任应加强学生之间的合作，形成学习的合力。

（六）改变不合乎逻辑的惩罚政策

通过师徒互助、四人小组互助、环保志愿互助等形式，让学生在合作中学会智慧分享，学会与他人和谐相处。

（七）就餐住宿常态化

来去站队成行，悄然无声；食不言，不浪费，按时就寝；两人负责餐具，一人负责整队。

（八）图书阅读常态化

由班级两名图书管理员统一管理学校图书。班级书橱实行信任管理制，开放、自由阅读；也可以书不上架，但书包内要有书，中午习字前必须读书。

（九）激励手段、方式多样化

物质奖励与精神激励相结合，让学生始终处于一种期待的状态。满足一个愿望后，再给他一个期待，让学生在良好的循环往复中逐渐进步。

（十）问题与策略配套

平时要心细如发，及时发现班级中存在的问题，根据问题寻找良策并及时解决，将问题扼杀在萌芽状态。班级是动态的，有效的策略才能让班级管理高速运转。

五、二年级开学礼

二年级开学礼一般会在新学期开学的前一天举行，家长和学生都要参与，班主任的致辞是对学生上一学年的成长回顾，学生的展示是上一学年的成长缩影。班级开学礼一般包括通知、方案、节目单、活动小结、家长感言、活动宣传报道等内容。以下为我制定的二年级开学典礼的实施方案和有奖竞答。

二年级开学典礼暨一年级诵读成果展示活动的实施方案

学校生活不仅有考试,还有诗和远方。童年是人生最烂漫的阶段。为了给学生们留下一份美好的童年记忆,培养他们的仪式感,提升他们的综合素质,经班级家委会研究决定,我班将于8月27日下午举行二年级开学典礼暨一年级诵读成果展示活动。方案如下:

【活动主题】我上二年级了——书香二年级五班甜甜的!

【活动时间】2017年8月27日14:00。

【活动地点】综合楼三楼阶梯教室。

【参加人员】陈密芝老师、王淑娟老师、一年级五班的全体学生和家长。

【活动策划与组织】班级家委会成员。

【活动主持】辛昊轩、张宇新,以及王艺霖妈妈。

【音乐播放】蔡钰锋妈妈、李姿璇妈妈。

【录像】宋佳琪爸爸。

【摄影与美篇制作】刘文硕妈妈。

【电子屏文字、音响准备】李雨泽爸爸。

【抽奖卡、抽奖箱设计】王一帆、王艺霖。

【奖品发放】辛昊轩妈妈。

【道具摆放】刘树斌妈妈。

【舞台总监(负责节目上下场)】张宇新妈妈。

【汉服服装赞助】辛昊轩妈妈。

【奖品来源】家委会赞助。

【活动过程】

1. 主持人开场白。

2. 班主任陈老师致辞,王淑娟老师发言。

3. 集体宣誓:主持人朗诵《相约书香里》;班级文化:班训、班风、班级宣言班级公约等。

4. 节目演出:第一篇 感恩至爱亲情;第二篇 幸福美丽绽放;第三篇 唱响书香二年级五班(穿插三次抽奖)。

5. 合唱班歌《歌声与微笑》。

6. 集体合影留念。

二年级开学典礼暨一年级读书成果展示活动的有奖竞答

【竞答内容】

1. 世界读书日是几月几日？是为了纪念哪两位作家？

2. 安徒生是世界童话之王,他来自哪个国家？

3. 安徒生创作了160多篇童话,你知道哪些？至少说出两篇。

4. 德国格林兄弟创作了《格林童话》,你知道哪些？至少说出两篇。

5. 我们是中国人,应该清楚我们的节日。你知道我们中华民族的哪些传统节日？至少说出两个。

6. 根据成语猜人物:

手不释卷、开卷有益、韦编三绝都是形容爱读书的成语,这些成语分别与哪些历史人物有关？

【奖项设置】一等奖六个;二等奖十个;三等奖十个;四等奖十个。

【奖品】一等奖:文具盒或彩笔;二等奖:红色圆珠笔;三等奖:文件夹;四等奖:便利贴或橡皮。

【有奖竞答负责人】王艺霖妈妈。

【奖品发放负责人】辛昊轩妈妈。

二年级开学典礼暨一年级读书成果展示节目单

三里河小学二年级五班家委会

1. 架子鼓表演《三只小熊》《如果感到幸福你就拍拍手》(表演者:刘文硕)。

2. 亲子吟诵《长歌行》(表演者:刘树斌和妈妈)。

3. 诗歌朗诵《校园的早晨》(朗诵者:宋佳琪、李欣怡、赵越)。

4. 全体学生齐诵《三字经》(节选)(领诵:辛昊轩、刘文硕、刘树斌、曹洪伟、蔡钰锋、赵子涵、王一冰、王一帆、李欣怡、张瀚予)。

5. 舞蹈《不怕不怕》(表演者:彭煜婷)。

6. 亲子朗诵《丑小鸭》(朗诵者:辛昊轩和妈妈)。

7. 胶州秧歌《小辫甩三甩》(表演者:聂胜男)。

8. 古诗联诵:(诵读者:刘博文《重别周尚书》、李磊鑫《山行》、孙传晟《浪淘沙》;吟诵者:李兆轩《登幽州台歌》《晓日》)。

9. 武术表演(表演者:李雨泽《少年拳》、王薇婷《长拳》)。

10. 诗歌朗诵《爸爸的鼾声》(朗诵者:张家豪、李雨轩)。

11. 歌曲《爸爸妈妈我想对你说》(歌唱者:辛昊轩)。

12. 印度舞《新娘嫁人了新郎不是我》(表演者:王一冰)。

13. 朗诵《阅读是什么》(朗诵者:王薇婷)。

14. 故事表演《鹅大哥出门》(表演者:汪子涵)。

15. 成语接龙(表演者:宁致远)。

16. 自编舞蹈《鸿雁》(表演者:徐雨晴)。

17. 国学经典诵读(诵读者:闻哲《劝学》、徐帆《论语》)。

18. 诗朗诵《我是一片小雪花》(表演者:周轩、宋承泽、刘艳晴)。

19. 诗朗诵《致老鼠》(表演者:法浩然、董鸿博)。

20. 舞蹈《锄禾》(表演者:宋佳琪、李欣怡、赵越)。

21. 亲子讲故事《小马过河》(表演者:王艺霖和妈妈)。

22. 爱国诗歌联诵(朗诵者:蔡钰峰《我的祖国》;王霖峰《党是太阳,我是花》;李爽《歌颂祖国》;于熙雨《祖国妈妈》)。

23. 跆拳道表演(表演者:刘文硕及师兄弟)。

24. 朗诵《我喜欢》(朗诵者:李姿璇)。

25. 舞蹈《小浪花》(表演者:孙婷、孙传晟)。

26. 诗歌朗诵《老师的微笑》(表演者:张瀚予)。

27. 小提琴演奏《茉莉花》(演奏者:法浩然)。

28. 诗歌朗诵《今天,我们是初升的太阳》(表演者:王一冰、付荣轩)。

29. 歌曲《舞动的女孩》(表演者:李明珍和她的朋友)。

30. 学生、家长齐唱班歌《歌声与微笑》。

31. 集体合影留念。

开学季,胶州三里河小学来了场二年级成长礼

来源:鲁网

鲁网青岛 2017 年 8 月 28 日讯:8 月 27 日下午,胶州三里河小学的多媒体教室内欢声笑语,这里正上演一场学生、家长、老师自编自演的二年级成长礼。30 个精彩绝伦的节目,让刚刚踏入二年级的学生们对新学年更加期待。

"暑假里我们可不光是玩,还一起看了非常有意义的书籍,同学们还准备了精彩的朗诵。"胶州三里河小学二年级五班的小学生们自己当起了主持人,为上台表演的同学们报幕。走上台前的学生们落落大方,热情地朗诵起来。其他节目的同学们则在忙活着做最后的准备,他们希望把自己最精彩的一面展现给同学们。

据胶州三里河小学二年级五班主任陈密芝介绍,为了让从一年级升到二年级的学生们有一个美好的新学年并得到更多的成长,在这个暑假期间,她与家长、学生提前沟通,全班同学一起参与并准备了这场有歌唱、舞蹈、朗诵、武术等 30 个节目的演出,经过学生、家长、老师齐心协力的细致准备,现场气氛一次次被推向高潮。经过一个学年的学习,学生们得到了较快的成长。举办这次二年级成长礼,旨在让学生们有一个美好的纪念。

现场,学生们轮番登台,稚嫩的声音、到位的动作、默契的配合,让现场一次次爆发出热烈的掌声。家长们则忙活着给自己的孩子拍照留念。"我陪着女儿准备了好几天呢,看着孩子那股认真劲我都很佩服她,学校这个活动既锻炼了孩子,也在二年级开始为孩子们做了很好的纪念。"小睿怡的家长王女士高兴地说道。

以下为三年级开学礼时的家长感言。

家长转角色,到班中来

王一冰家长

2017 年 8 月 28 日再次迎来了新学期的开学典礼,三年级五班——书香班的全体师生及家长在阶梯教室欢聚一堂。

　　这次开学典礼不同于二年级,从策划、主持、节目排练、背景音乐、摄影录像到幕后操作等都是由家长们完成的。在家委会的精心组织下,家长们群策群力,呈现了一场班级才艺展示秀。活动内容异彩纷呈,吟诵、讲故事、朗诵、武术表演、乐器演奏、舞蹈……令人大饱眼福;活动形式新颖活泼,既有个人展示,又有班级读书社团的集体展示;既有学生展示,又有家长参与,令人叹为观止。我们班的家长真是人才济济呀!小演员们更是多才多艺,表现力十足!今年开学典礼有更多的同学由台下观众变为台上的表演者。以前不敢在舞台上大声朗诵的同学、不敢独自表演的同学、表演时不敢正视前方的同学……这一次表现得落落大方、有声有色,让老师和家长们刮目相看。真是"给你一次机会,你给我一个惊喜!"

　　这是书香班继一年级入学礼以来的第三次开学典礼活动。系列开学典礼活动,既培养了学生们的仪式感,又增强了班级的凝聚力。家长们的踊跃参与为班级管理注入了新生力量,使学校教育不再"孤单";学生们的精彩表演见证了他们一年来的成长与进步。学生们表演时那充满自信的笑容里,蕴含着素日老师与家长们对他们的激励与赞扬。我们做家长的看在眼里,乐在心里。这一切都离不开老师们的悉心教导与倾心付出,感谢、感恩每一位老师!

　　我是孩子的家长,也是班级的一员。班荣我荣!走到班中来,和孩子一起成长!

　　在开学典礼上,每个学生都会表达自己的愿望。

2020年,我会更优秀

邱秋阳

　　2019年过去了,2020年正走来。新的一年,我会更加优秀。

　　骄傲和粗心一直是我最大的"克星",是我成为一名三好学生的绊脚石,在这个学期里,我要把这个老毛病改掉。

　　在学习方面,上课时,我会认真听讲,不该讲的话不讲,不和同学说悄悄话,不做小动作,把老师讲的每一字每一句都听进去。

　　在写作方面,我相信自己会越来越好,就像芝麻开花——节节高。

数学对我来说一点也不难。只要上课认真听、勤思考,即便是很难的奥数题,我也可以将其逐一击破。我最大的不足是粗心,有时候连个数字都会抄错,审题也不够仔细,看一眼就过了。我一定会改正!

英语我一点也不怕。不过上个学期我们班落后很多,我是真不甘心。所以在这个学期,我要和同学们一起加油,超过其他两个班。

在生活方面,我一定会保护好自己的视力。在学校,我会天天把眼保健操做好、做到位,端正坐姿;在家里,我会少玩电脑、少看电视点,不连续用眼超过两小时。

新学期,新的起跑点,我会努力奔跑!

2020 年展望

辛浩轩

2020 年,我将努力改掉我的坏习惯,让自己更可爱!

第一,上课要专心听讲,不做任何小动作,不与同学交头接耳。

第二,不懂就问,争取把老师在课堂上讲的知识全部消化、吸收,更上一层楼。

第三,认真完成老师布置的作业,做到一丝不苟。要当堂完成课堂作业,不拖后;利用课后时间复习老师上课时所讲的知识;放学回家后,要按时完成家庭作业并做好新课的课前预习。

学习语文时:字词,要先弄懂意思;给课文分段,用最简短的语言写出每段的段落大意,然后总结课文的中心思想;要试着去做每篇课文的课后题;课文和课后题中不理解或不会做的地方,要把它在书上画出来,第二天上课时带着问题去听课,还可以在课堂上向老师请教。

学习数学时:要把每个课题的课后练习试着做一做,勤动脑、勤动手;不会做的问题可以请教老师。

凡事预则立,不预则废。新的学期我会设定新的目标——"学习成绩进步争先,能力素质全面发展"。

坚持课前预习、课后复习,按时完成老师布置的作业,上课认真听讲,积极思考,踊跃发言,遇到学习上的问题时及时请教,多与同学交流,不让问题过夜。

在语文方面,应多读,关心国家大事,养成每天读报的习惯,坚持每周安排半天课外阅读,一个月看一本中外名著,一学期看一集学生范文选,扩大知识面,提高作文水平。

在数学方面,应多练,每天晚上坚持一小时数学练习,每周坚持半天奥数学习,及时巩固和深化课堂学习,拓宽解题思路,提高解题速度。

在英语方面,应"三多",即多听、多说、多背,坚持每天早上朗读或背诵英语半小时,每天听英语半小时,平时多用英语交流,熟练掌握所学语法、句型、生词,全面提高英语听、说、读的能力。

在素质方面,应坚持认真上好文体课,培养广泛兴趣,发展一两项专长。

在体育锻炼方面,坚持每天跑步半小时,练习打羽毛球、乒乓球,认真上好体育课,做好课间操,提高体育成绩,增强体质。

在文艺和兴趣爱好方面,在学习之余练练琴、学学电脑,尽量控制玩电脑游戏的时间,做到不影响学习,张弛有度,劳逸结合。

在集体生活方面,增强集体荣誉感,遵守纪律,积极参加各项班集体活动,多参加社会实践活动,主动做好各项班集体工作,为同学服务,在实践中锻炼各方面能力,提高综合素质。

新学期,争取做一名品学兼优的好学生。

六、毕业(结业)课程

(一)编辑成册

毕业(结业)课程有承前启后的作用,既是对上一学年的回顾,又是对下一学年的展望。从班级管理的角度看,又是对班级计划落地、育人效果的检视,是改进班级管理的有效举措。除了班级举行开学礼的方式呈现外,我还通过文字记录的方式进行了梳理和总结,编订成册,让学生的成长看得见。这些材料为学生今后发展的研究提供了素材,有前言、目录、篇章、后记。目前,我已编辑《童心如荷》《书香流过的童年》《相约书香里》《我的名字》《这就是我》《母爱

的天空》《父爱的世界》《友爱如花》《亲亲吾师》《我是班级小主人》等学生成
长册。

(二) 学年回眸

除了通过学生成长的角度再现班级发展轨迹外,我还用总结式反思班级管理的得与失,在这种自我关照中及时总结,长善救失。以下为我担任班主任期间的部分随笔。

我的 2012 届毕业生

又一届学生毕业了。从实用主义角度看,今年的学生好像成绩平平,班级量化平平,他们没有给我带来什么荣耀;但从精神层面讲,是丰硕的。学生爱我、信任我,家长认可我、支持我,这是对一个班主任最大的肯定与褒奖。每天和学生们"斗智斗勇",能够不断地磨砺我、鞭策我,让我怀着一颗平常心去思考并探寻班主任专业化发展之路。

正因如此,在毕业典礼那天,在班长周鑫和我紧紧拥抱的那一刻,我的眼泪夺眶而出。那一刻,"离别"的滋味涌上心头。无论是曾经令我头痛的学生还是表现出色的学生,和他们相处的 300 多个日子都化作温暖的记忆。我情不自禁地想起每一个细节,那些细小的幸福在心中潺潺流动……

我发现,我原来对他们的感情也是那么强烈:我爱他们,他们令我难忘。

现剪辑整理如下:

1. 文化熏染见成效,在学生身上我看到了自己的影子。

根据学校政教处的总体部署,我结合班级的实际情况,紧紧围绕"打造文化班级"这个目标开展各项活动,希望每个学生个性张扬不失真,有情有义不失信,有品有味不失雅。基于这个出发点,一年来,我着力对学生进行了一场精神塑造。

兴趣渗透,有效对接。将自己的爱好自然地渗透至班级管理中。班级不是班主任一个人的,而是多个学生的组合体。一个人的班级是寂寞的,当面对一群心灵苍白的学生时,无法用心灵对话,师生互动不起来,我会非常难受。只有当学生与老师的情感共振时,老师说的话、做的事才会达到最佳效果。孔子说:

"万物入水,必能荡涤污垢,它好像善施教化。""文化"如水,它是一种软力量,却具有极强的穿透力、影响力和统摄力。我有三个爱好:读书、运动、听音乐,这些爱好蕴含着很浓的文化元素和审美因子,我决定以此为切入点,用文化浸润的方式来丰富学生们的心灵,将他们变成我可以直接用心灵对话的伙伴。

1)读一读,多一份书卷气。

借力语文学科的独特优势,把读书带进班级管理中。读书是规范学生行为的一把锁,可以锁住学生的身,收敛他散漫的心。通过开展一系列的读书活动,让学生受到文化熏染,提高自我约束的能力。

(1)读书系列化。

(2)读书活动化。

(3)读书自然化。

(4)读书德育化。

2)动一动,多一份活泼。

如果说读书是一种心灵的内敛,那么运动便是身体的舒展、生命能量的释放。爱玩是小孩子的天性。班里的男生爱玩,但他们认为玩就是玩,不知道玩中有学问、有文化。每当他们表现特别好的时候,每个周我都会奖给他们一节室外活动课。记得我第一次和他们打篮球,我连中三球,所有男生都瞠目结舌,特别是那几个大个子男生,他们不相信眼前这个个子不高、身体看起来很弱的女班主任的球技竟比他们要好。他们更想不到我对体育知道得那么多!玩累了,我们席地而坐,我和他们讲"小球转动地球"的中国"乒乓外交"、篮球飞人迈克尔•乔丹和绿茵场上球王贝利的趣闻轶事,说当今球星小皇帝詹姆斯、大鲨鱼奥涅尔、帅气的C罗、天才的梅西……从运动员的密切配合讲到竞技场上的各种规则。

我班男生的自我约束力较差、规则意识不强。我常常借题发挥:无论是篮球架下、绿茵场上,还是乒乓台前,人人都必须遵守规则,否则就会被黄牌警告或红牌罚下,失去展示的机会。规则是人生的红绿灯。生活在集体中,你是班级的一员,就必须履行学生之道,遵守校纪和班规,否则就是自找麻烦,会自食恶果。男生们饶有兴趣地听着,因为这些他们从未听说过,在他们面前的是一个崭新的世界。渐渐地,男生的桌子上多了一类课外书,《足球天下》《体育周刊》，等等。他们经常和我聊一聊近期的体育盛况，议一议球星们的不凡身价。就这样，因为运动，我和班里的男生关系特别近。

3）听一听，多一份高雅。

音乐是一种极具审美特质的动感语言，它有很强的感染力。它可以使班级更加有生气、有格调。没有歌声的班级就像没有光泽的玉石。尽管我不懂乐理，不识五线谱，但这并不影响我对音乐的喜爱。喜欢那拨人心弦的旋律，喜欢那如诗的歌词。因为美好，所以总想把这种美丽与学生共享。去年的学生能在我的指导下自编班歌，我们经常一起聊音乐，相互推荐歌曲，共同赏歌，一起高歌。今年的学生却很"空白"，他们除了对当前歌星的八卦新闻略知一二，对音乐世界便一无所知了。幸好今年开展吟诵活动，我就借着吟诵的背景音乐，从《高山流水》这十大古筝曲入手，开始让学生浸染于这种文化熏陶。特别是我讲解关于每首歌、每首诗的故事时，学生们听得特别专心。就这样，他们且听且赏且感，感受每一段音乐和每一首诗背后的精彩感人的故事，享受这跃动的音符的妙处。音乐，是沟通心灵的另一种方式。

读书、运动、音乐，改变了班级的精神面貌，提升了学生的生命质量。在学生的身上我看到了自己的影子，看到自己的思想变成了实实在在的东西，内心的欢喜不言而喻。然而，欣喜之余，我还有一丝担忧。

2. 忧：物极必反，过犹不及，一时懈怠留遗憾。

经过我的大力推崇和平时的自然渗透，班里出现了这样的局面：所有人都喜欢听歌，有事没事便哼哼两句。

女生们爱上了读书，许多家长打电话说，孩子放学回家除了看"闲书"，什么家务也不干；周末到书店看书，中午带着饭，一看就是一天，晚上经常看到很晚，都得逼着睡觉。其他任课老师也反映，很多学生在他们的课上偷偷看课外书，影响了相应学科的学习。我也发现，放学路上还有边走边看书的。学生喜欢读书，遂我心愿；但不分时间地点读书，违背了我的初衷。

班里三分之二的男生喜欢上了运动。学校开放的活动空间，更使我班男生如鱼得水。毕业三周前，他们常常吃完午饭就奔到操场上，打了午休铃后还迟迟不回宿舍睡觉；起床后，该回教室阅读了，他们还在操场上狂欢：踢球的、打篮球的、练乒乓球的……直到课前第二遍铃响过，班长亲自下去带着我的"指令"把他们"拽"回来,他们这才恋恋不舍地从操场上跑回来。

面对这些现象,我只是说了他们几句,没有加大力度来管这件事,心想马上就要毕业了,干脆把这个问题留给初中的老师去解决吧。就这样,他们愈发放肆起来。用学生自己的话说:"老师,您说的有道理,喜欢听音乐、读书、做运动没有错,但违反班规和影响学习就不对了。我们知道这样做不好,但上瘾了,有时候管不住自己。"毕竟是小孩子,自我约束力不强,况且还有我这个"始作俑者"放松了对他们的监管。如果他们不能正确处理学习与兴趣的关系,那么本来的好事就可能变成坏事。这不能不令我担忧,真是"成也萧何败也萧何"。由于我的虎头蛇尾、一时懈怠,发现问题时没有采取得力措施来遏制事态的发展,使事情走向了反面。可见,班主任工作一天也不能放松啊!

3. 惑。

多年来,我一直都是这么影响学生的,以前的班级都朝着一个方向发展,没想到今年出现这么大的反差。为什么?真是纳闷。

在雷夫的第56号教室里,每个孩子都成了爱学习的天使。我很佩服雷夫的神奇。我的教室里,都是快乐的天使,却不都是爱学习的天使。我不想"绑架"那些"痛苦学习的孩子"非去学习不可。条条大路通罗马,从人的发展角度看,这个教育方向是没问题的。但从应试教育方面看,我这样的教育是不是很失败?

以前的经验在今年失灵了,今年的教训或许就是明年的经验。世界上没有一劳永逸的事,没有一成不变的东西。班级是一个动态的管理系统。班主任只有不断思考、探索、总结、反思,才能在班级管理中少走弯路。

2012届学生走出校园了,但他们带给我的这份独特体验是恒久的。

2012年,平平淡淡,但我要说:"六年级四班的孩子们,谢谢你们!"

做一轮太阳,真好

林花谢了春红,时光总是匆匆。和这一届学生刚刚熟悉,回眸间他们已经离开校园。又要接新学生了!教师这个职业就是这样子,好似每年每天都在面对陌生而熟悉的面孔,因为学生们没有定性,每天都会给你始料不及的"变化"。我怀着三分好奇走进了新的班级——五年级二班。在和这群"毛毛虫"

一起走过的 100 多个日子里,我发现:给点阳光,他们就灿烂。原来,做一轮太阳,感觉如此美好——温暖学生,照亮自己。

用三组词来概括本学期工作:情感与班风,实际与习惯,阅读与兴趣。

1. 从情感入手,着力班风学风的建设。

接了一个新班,无论好还是不好,班主任都要爱这个班。区别在于,差一点的班级,班主任要倾注更多的情感,否则班级工作便无法展开。因为只有情感才是影响人性最重要的法宝。它是维系一个班集体凝聚力、生命力的最重要因素。基于这样的认识,要让班级换新颜,我首先营造了一个浓浓的情感场。

"蓬生麻中,不扶而直;白沙在涅,与之俱黑。""玉在山而草润,渊生珠而崖不枯。"我要为学生们创设这样的环境。面对我这个陌生的班主任,他们充满了期待。我想尽办法使他们不排斥我、悦纳我,如此,我才能在短时间内迅速打开工作局面。老师是成年人,是长者、师者,学生是小孩子,所以我先向他们抛出橄榄枝,投之以琼瑶,以求他们报我以进步。

首先,我会放大他们的优点,欣赏他们,积极传递正能量,帮助他们走出自卑的阴影,树立自信。然后,帮助学生之间相互欣赏、学生欣赏老师,在彼此的欣赏中寻找自我,让每个人感觉到"我很重要",在相互激励中学会爱自己、爱老师、爱同学,共同缔造一个阳光的五年级二班。

勇于坚持坚守,做到不离不弃。老师与学生之间,老师与家长之间,学生与学生之间原本是素不相识的、陌生的个体,只有形成一个班级管理的共同体,每一个元素都释放出自己的能量,大家抱成一团,相互扶持,相互温暖,这个班级才能有希望,才能持续发展下去。我清楚这学期面对的是什么,一个所有学科成绩都排在最后且差距悬殊的班级。这是我从教多年来最"牛"的一班学生了。我知道我面临着前所未有的挑战。这是对我心性的考量、韧性的磨砺。为了坚持下去,我给自己写了份保证书,为了快乐地工作,我努力做到:不比、不愠、不急、不怒、不弃;慢节奏、慢脾气;低门槛、低标准,让每个学生都能迈过去。只要他们每天进步一点点,我就很开心。每当班级步伐停滞不前,特别是班级成绩没有太大起色,而我却筋疲力尽、想放弃他们的时候,学校的信任、同事的鼓励、家长的支持、学生的期盼,还有自己的承诺,都化为一种力量。我常暗暗地鼓励自己——相信学生,相信自己,相信天道酬勤!就这样,我们师生跌跌撞撞地走过了半年。成绩的进步虽微不足道，与其他班还存在很大的差距，但师生间、学生间的感情是真挚的！

班级问题从学生中来，回到学生中去。我会在民主的沟通中实现师生的平等对话，有的通过商讨解决，有的交给班干部处理……这样的氛围让学生有安全感、归属感。

因班制宜。"保优，培中，赶差"，互帮互助，在合作中进步。人的精力是有限的。因为班里的学优生凤毛麟角，学困生实在太多，顾不过来，所以我将重心放在培养中等生上。先让学优生多起来，然后让他们带动学困生，通过帮扶学习，增进同学间的友谊，整体提高班级成绩。

轮流当班长，体验当家做主的感觉。再弱的孩子终将要自己独立行走，特别是当他看到别人能跑的时候，他也有了这种念头。放手管理，不耽误学生成长，把班级管理权交给他们，让他们在摸索中进步，提高自我约束力，增强责任心，学会关心同学和老师。

建立有效的班规。木受绳则直，金就砺则利。班规是一种严厉的爱，它带有强制性，是针对不守规则的人而定的，对守规则的人而言没有任何意义。要让学生满心欢喜地接受，心悦诚服地接受。根据班情，共同制定班规。学生在依法行事的过程中明白了"严"是爱的别称，爱也要有度。

培养班级的智囊团。智囊团不仅仅是班干部，还有那些特别有个性、有主见的学生。针对他们某一个方面的优势，大胆起用，重点培养，使他们成为班级的顶梁柱。利用他们的影响力感召其他人。即使老师不在，他们也能独当一面，各显身手，把班级管好。

取得外援的支持。家长是老师最强有力的外援。配合得好，受益最大的是学生。班风与家风相通，家教又影响班风。通过微信或短信、家长会、亲子共读日记等多种形式对学生各方面的习惯进行沟通和交流，提高家教质量。学生进步明显，与家长的支持密不可分。

建立班级日志。以循环日记的方式每天记录班级的动态，见证、促进学生的成长。

2. 从实际入手，着力良好习惯的培养。

学生如脚，老师如鞋。不做买履的郑国人，要依脚做鞋、量体裁衣。穿上合脚的鞋,行走起来才舒适,才能走快走稳。班级不是班主任一个人的,它是师生共有的家园。学情是最重要的教育资源。于是,我通过多种方式了解学情,结合班级现状,制订了切实可行的计划,采取了相应的措施,从而缩短磨合期。

改掉一个坏习惯比养成一个好习惯要难。"养"是顺向的,"改"是逆行的。坏习惯如扎入手中的刺,拔出来会很痛,需要勇气、韧性和恒心。而所有的这些都来自班主任的决心与信心。老师坚持多久,学生就能坚持多久;老师坚持得越久,学生就走得越远。我已经做好坚持到底的决心,每周一个好习惯,每天进步一点点。即使这些学生无法破茧而出,化蝶而飞,只是一群毛毛虫,我也要让他们健康快乐地迈入中学的大门。

3. 从阅读入手,着力学习兴趣的培养。

我喜欢用心灵和学生交流,喜欢润泽的教室。今年的学生不仅基础差、成绩差,还缺少一颗七巧玲珑心。如果不唤醒他们沉睡的心,便无法与他们对话。这样的教室是冷清的、干燥的,我是寂寞的,学生是孤独的。美国研究阅读的专家吉姆·崔利斯曾说:"阅读是教育的核心,学校中几乎每一科的知识都是通过阅读来学习的。"英国的哲学家培根也说:"读书给人乐趣,给人以光彩。"文字是修正灵魂的一剂良药,可以医心、活心。通过与语文对接,我在本班开展了系列读书活动。师生共读,课前读五分钟,午间读20分钟,晚上的亲子共读……这些读书活动特别是亲子读书活动给学生们带来了活力和生机。他们开始喜欢读书,在阅读中成长。因为读书,学生们有了学习的感觉,有了一点属于自己的色彩。我们班的班级文化在阅读的基础上也由此开展起来。

反思:自己的信念不够坚定,无形之中降低了工作效率;没有对学困生倾注更多,影响了班级的整体成绩;和任课老师协调得不够。意识到问题之后,我决定从以下几个方面进行修正:要将亲子共读活动持续、深入地开展下去;加强班级文化建设,打造班级特色;更加关注学困生,提高班级整体素质;加强学生学习习惯的培养,特别是书写、听讲习惯;加强和任课老师的协调,缩小与其他班的差距。

现在,全体老师都在尽力而为,家长都在尽心而为,每一个学生都在前行中……"冬天到了,春天还会远吗?"相信五年级二班会迎来自己的春天!

威信胜于威慑

又一届学生即将走出校园。说实在的,真的有点依依不舍。尤其是学生们在最后那堂习作上的感恩活动,让我的泪水夺眶而出……多么懂事啊!在下课之际,44个学生不约而同地起立,并异口同声地说:"老师,谢谢您!我们永远爱您!"他们是自发的,那一刻,我感动极了!幸福的潮水在内心涌动。回想初见他们的时候,一个个不懂礼貌、不讲文明、缺少人情味儿,经我一学期的引导,他们变了!我为自己喝彩!我一年来的爱心浇灌终于迎来花开满枝。每一个学生都将健康、快乐地迈进中学的大门。

晚上想到白日那感人的一幕,我久久不能入睡……

年年教书,年年育人,在这日复一日看似庸常的教育岗位上,我已度过十几个春秋。细数多年的班主任工作,每次想起那些曾被自己改变的学生,我的心情就格外明艳。

班主任是一个班级的"头儿",是班级的"风向标",是"舵手"。首先,班主任要树立威信。

班里曾经有个相当顽劣的学生——小超。记得刚接班时,其前任班主任就叮嘱我:"这个学生可是个'刺头',是班里的'惹不起'。"当时,整个年级有"八大金刚",小超是"老七"。除了这些耳闻,我还目睹了他的"混账"行为。当时他犯了事,班主任批评了他,他背地里不但咒骂老师,还扬言要打老师。如此不知好歹的学生,有药可救吗?以前,我每年都会碰到一两个"问题生",却没有像他这么"臭名昭著"的!抓班时,我暗自祷告:"千万别抓着小超的班"。然而,还真是怕什么来什么,看来今年的班主任工作又要累了!每抓到一个新班,对学生的常规则训练基本上是两个周见效果,一个月"步入正轨"。倘若有个别学生仍没"步入正轨",我真有点担心这个学生的"前途"了。而小超就在我的担心之列。一个月以来,他犯错无数,几乎每天都有人来告状:不是说脏话,就是动手打人;多科老师都跟我反映过他在课堂违纪;更令人气愤的是,他不但在班里逞强,还跨班滋生事端。他和过去的几大"金刚"联手,横行校园,看谁不顺眼就拳脚相加,害得我每天当"调解员"。有时真想揍他一顿,然而当我看到他和别人发生冲突时那暴怒的样子:面色狰狞,两眼珠快要跳出来了,紧紧地握着拳头……揍他一顿管用吗？我静下心来，牵着他的手把他领到一间空屋子里。我和颜悦色地询问他事情的前因后果，帮他分析他错在哪里。渐渐地，他那握得紧紧的拳头松开了，目光也变得柔和，说话也不那么激动了。当他真正地意识到自己是"主犯"时，他便不再狡辩，低下了头。为保证不再跟他人纠缠不清，我和他勾手指为约。一开始，他还是蛮讲信用的，但大约过了两个星期，他"旧病复发"。先是向邻班一个男生索要玩具，人家不给他，他就将其推倒在地，踹了几脚。被抢玩具的男生还手，把小超的脸弄破了几个口子。于是，小超又疯了！若不是班里的小杰拽住他，他还不知闹出什么事来！我又把他"请"到空屋子里进行了谈话。像上次一样，在我的开导下，他渐渐"熄了火"，惭愧地低下头，并保证不再给我添麻烦。为了防止他"复发"，我发动了班里其他43个学生的力量，呼吁大家一起帮助他、感化他，让他有责任心和爱心。每个学生都签了一份"暖洋洋救助"计划，决定用自己的行动拯救小超。集体的力量是强大的。他们为小超能背过一小段文章而由衷地鼓掌，为小超能值一次日而表扬他……强大的"舆论压力"（他每取得一点进步，我和同学们都会无限地夸大，同学们读懂了我的良苦用心，学会了用赏识的目光去看小超）和我们的诚心，终于使他这块"顽石"开窍了，他开始融入集体，真心地为班里做事，真心地检讨自己做过的错事。尽管他还会犯一些小错，但与以前的"糊涂"相比，他的进步好大。

　　毕业前，在一篇日记中，他用不漂亮但很认真的文字写道："陈老师，就要离开您了，我首先要向您说声'对不起'，请原谅我的无知吧。我会像您说的那样，做一个堂堂正正的人。谢谢您一年来对我的宽容和理解！您是第一个这么包容我、不放弃我的老师。您知道吗？过去的四年里（我是从二年级变坏的），老师们都不爱搭理我，他们要么责骂我，要么让我背上书包站到教室门外去。我也曾经想改过自新，但我的自制力太差了，我太容易冲动了。您说过'冲动是魔鬼'，它不仅会害人还会害己。您一次次的谆谆教诲，我都铭记在心。陈老师，真的很感谢您……"

　　一个班主任最大的成功不仅是将班级带好，更重要的是，不让任何一个学生掉队。每一个生命都是不可复制的。

(三) 师生情深

与结业课程不同,毕业课程是学生对六年小学生活的回顾,是学生对中学生活的向往。与其他年级的班主任不同,带毕业班的班主任既要给即将迈入中学大门的学生以希望,又要培养他们对母校的眷恋之感,让学生们带着感恩、带着新的梦想出发。

除了参加学校的毕业典礼外,我班还举行了自己的毕业礼。从毕业寄语、互赠祝福、师生情深、母校难忘等方面,引导学生做有情义、有感恩之心的人。

以下为我写给学生的毕业寄语。

亲爱的同学们:

像蜂蝶飞过花丛,像清泉流经山谷,你们的金色年华里闪耀着智慧的光泽,跃动着欢快的乐章,我们一起牵手的 365 天洒满了灿烂的星光。岁月流转,六年的小学时光不觉倏忽而过。祝贺你们圆满地毕业了! 在这个暖意融融、情意浓浓的大家庭里,你们手握烂漫的年华,沐浴着阳光,从稚嫩走向成熟,幸福地度过了童年。你们将童心、童真、童趣化作精致的诗篇,写在校园里,镌刻在我们每一位老师的记忆中。感谢你们常怀一颗感恩的心,情牵老师,心系母校,将文明之花开在校园里,为学弟学妹们做出榜样。感动在我们每一位老师的心里。在未来的日子里,愿我们把美好留下,带着良好的习惯、文明的行为、美好的品质奔向明天!

以下为我们师生永恒的回忆,充满离别前的情愫。

希望,从这里开始;梦想,从这里放飞。你们是集体感最强的一届学生。往事如烟,风儿把飘落的日子吹远,美好的东西却在老师的心里沉淀。还记得吗?

是谁,每天早早地把门儿打开,让大家安心早读?

是谁,每天放学后把教室清扫得一尘不染,将桌椅摆放得整整齐齐?

是谁,牺牲了休息的时间,把窗户擦得光洁如新?

是谁,将书香墨香飘在教室,用一双巧手将家园扮靓?

是谁,一次又一次地宽容老师的拖堂,为合作奏响了理解之歌?

是谁,发现老师的嗓子哑了,偷偷地将梨儿、橘子塞到抽屉里悄悄地走远?

是谁,在老师不在"家"时主动挑起了重担,把卫生、纪律、作业管理得有板有眼,让老师在外也安然?

是谁,经常帮老师处理班务,为老师把劳累分担?

是谁,天天穿过长长的走廊,跑到办公室里提醒老师按时放学?

是谁,用工整美观的作业陪老师度过美好的时光?

是谁,为没有书的新同学送去春天般的温暖?

是谁,将美好的祝愿与叮嘱写在挥手之间?

是谁,主动弯腰捡起了细小的纸片,扬起了文明的风帆?

是谁,飞针走线,织出一件件华丽的图案,让班级光彩耀眼?

是谁,将真诚的行动化成诗样的语言,滋润我们的心田?

是谁?

是你们,可爱的孩子们! 你们将美好永远存储在老师的心里!

心情如画

又一届学生要毕业了,我的心里充满了深深的不舍。多年来我一直担任毕业班的班主任,这种感觉从未像今天这么强烈过。看着学生们天使般的笑脸,我有种如释重负的感觉。不敢断言他们未来会出息成什么样,但至少目前,我看着他们健健康康、快快乐乐地走出校门。不能和他们一起升入中学,我唯有在心里默默地祝福他们:健康成长,快乐相伴!

清楚地记得去年学期开始时,根据学校的安排,我"无奈地"接手了这个班。说实话,当初我对这个班没有好感,甚至有些害怕和担心。早就耳闻过这班学生的"四差"(规矩差、纪律差、习惯差、成绩差)"三无"(心中无班、心中无师、心中无生)的"恶名"。这是怎样的一群学生啊! 既接之,则管之,还要管好。就这样,我硬着头皮上阵了,对那些"刺头"各个击破,一点点感化,勾过手指,立过誓约,从不当众批评他们,树典型,开展魅力男生女生同桌合作小组,构建立体合作小组。做到:人人有事干,事事有人干,事事乐于干。于是班内太平,发展迅猛。

"害怕危险的心理比危险还要可怕一万倍。"凡事尽力而为、尽心而为,难就可以转化为易。

以下为 2011 届毕业生的感言。

三里河水长，不如老师、同学的情意长。亲爱的同学、敬爱的老师，愿你们幸福快乐相伴一生！宽敞的操场、多彩的文化长廊、窗明几净的教室、琳琅满目的图书、和蔼可亲的老师、活泼可爱的同学……

再见了，三里河小学——我的快乐老家！毕业了，我的心中涌起无限的眷恋。诲人不倦的老师，谢谢您，您辛苦了！祝您桃李满天下，一生都平安！

以下为 2014 届毕业生心语。

有一丛自然之树，它长在阳春；有一树生命之花，它开在初夏。花的名字叫"不屈"，花的名字叫"坚强"。当风雨袭来，请张开双臂，用坚强如花，结出成功之果！

高佳妮

成长的路上，谁都会遇到需要别人帮助的时候。帮助有困难的人是一件天经地义的事儿。帮助，是开在我们心灵上的一棵花树，在美丽自己的同时，把芬芳洒向大地。正如高尔基所说："给"永远比"拿"愉快。

冷雅萱

感动是一种养分。青竹拔节，荷韵飘香，鸟鸣深涧，星星闪烁，永恒的自然装帧成一幅画留在我的心里；唐诗宋词、小说散文，字字珠玑，光华闪耀。灵动的文字能缩成一首诗刻在记忆里；亲情、师生情、同学情，情情可贵，绵绵的情义汇成一条小河润在心田。带着感动出发，人生更为精彩！

胡雪娜

世界上没有完全相同的两片树叶。阳光下，不同的叶子，抖开的是一树葱茏的绿荫。我们每个人都是独一无二的。"自我"是一颗温暖而又顽强的种子，我们要让它冒出嫩芽，要让它开出一树繁花。在该亮出自己的时候，自信、勇敢地亮出自己，让自己绚如夏花！

陈亚萱

学校是我们成长的摇篮，是我们的第二个家园。愿你们像爱护自己的眼睛一样爱护我们的学校。老师像父母、朋友一样呵护着我们，愿你们成为老师的好帮手。

韩 雪

梦想是什么？梦想是隐形的翅膀，带你飞得更高更远；梦想是启明星，指引你前进的方向；梦想是你随身携带的花园，时时风景在眼前。愿我们拥有自己的梦想，为梦想而努力学习！

王新妤

宽阔的操场，高大的教学楼，书籍丰富的西亭书苑，自由读写的小书吧，气势恢宏的和美广场；恬静的睡莲，挺拔的翠竹，如茵的草坪，多姿的五指松，婀娜的百日红、薰衣草、榆叶梅，瀑布班的紫色藤萝，依偎在四周栅栏的蔷薇；粉红的墙壁，白色的瓷砖，一条条富有特色的文化长廊……这里有最美的校园。书香袅袅的教室，韵味悠长的吟诵，动情的朗读，热烈的讨论，专心的思考，谆谆的教诲，会心的笑容，肆意的顽皮，宽容的拥抱……这里有最美的教室、最美的老师、最美的同学。飞扬的快乐，一幕幕如电影般剪辑成最美的童年。一切都是那么令人动容！感谢——母校给予我们的全部骄傲！即使隔着时光，我们也永远祝福母校的明天灿若锦霞、声震四方！

六年级二班全体同学心声

难忘师恩

王怡然

敬爱的陈老师：

　　您好！

　　光阴似箭，日月如梭。不知不觉中，您已经陪伴我们走过了小学生涯中最后的两年。两年的时间，说多不多，说少也不少，730 个日子就像流水般在指尖划过。一想到不久后，我们就将离开美丽的校园，离开对我们有着无尽恩情的您，我的心底满是深深的眷恋。

　　还记得五年级刚开学时，您刚接管我们班。那时的五年级二班简直就像是

81

一个"破落户"集中营,不向上、不团结,成绩更是不用说,好学生少得可怜。当时我们是整个年级公认的最差的一个班。然而,在我们准备就这样"破罐子破摔"时,您出现了!您在别人那诧异与惊奇的目光中,毅然决然地接过我们这个班。正是因为您,才有了现在的六年级二班。

是您,将就要身陷泥潭的我们拉回岸边;是您,为了提高我们的成绩不辞辛劳,在课后挨个儿找我们的各科任课老师;是您,为了提高我们的阅读能力,花费大把的时间与精力,为我们举办课前"快餐"、亲子共读等读书活动;是您,在我们成绩下滑的时候,为我们加油、鼓劲,在我们的成绩有一点儿提高时,您喜不自禁地像个小孩;是您,为了让我们班更团结,精心举办每一期班会活动,设计精美的班级文化。现在,"书香六二"已在我们心中生根,全班同学亲如一家。这些,全都离不开您的耐心指导与谆谆教诲。您,真的为我们付出了太多太多……

还记得,您教我们后的第一个寒假放假的那天,科代表明明都已经将《寒假园地》发了下来,后来却莫名其妙地收了回去。正当我们疑惑不解时,您来了,站在讲台上说:"我教的学生从来不做《寒假园地》"。我们先是不相信,短暂的沉寂后,教室里爆发出一阵欢呼声,您站在讲台上,笑盈盈地看着我们。我恨不得立刻冲上去拥抱您。有的同学在底下喊:"陈老师英明!";有的甚至在后悔怎么没早点遇到您。寒假里,我早早做完了寒假作业,有大量的时间阅读课外书。在充分享受阅读带来的快乐的同时,我打心底里感谢您对我们的理解。

还记得,我们是怎样上您的作文课的,是您让我真正爱上了写作。您让我们感受到了作文的乐趣、幽默。有一次,您让我们回家写一篇游记,可我们怎么也写不出来。为此,您利用一节语文课的时间,亲自带我们游春,并让我们仔细观察植物,把所有听到、闻到和看到、想到的都记录下来。回到教室,我们一点也不费劲,很快就写好了作文。那次作文,我们班的很多同学都得了满分。从那以后,我们每次写作文,您总能想出奇特的方法,让我们很容易地就写出了作文,再也不把作文看作一件痛苦的事,全班掀起了写作的狂澜。而这一切,都源自您的循循善诱与智慧。

亲爱的陈老师,回顾过去的历历往事,我的心里满是暖意与诗意。您用自己的一言一行,指引着我们前行,您用自己那颗永远年轻而富有创造力的心,改变了 61 个学生。您是春雨,是阳光,是大树,是海洋。在您的天空下,我们像小鸟张开翅膀,满怀着美好的理想,向着可爱的蓝天自由地飞翔。

其实,若把所有的感情凝聚成一句话,也许,我只是想说一声:"老师,谢谢您!"

祝青春永驻,桃李满天下!

致老师的一封信

濡　萱

亲爱的老师:

您好!

真的想不到,再有不到两个月,我就要毕业了!您知道吗?我现在最害怕的两个字就是"毕业"。毕业了,不能听您讲课了;毕业了,不能和您玩耍了;毕业了,不能……时间怎么溜得这么快?!和您在一起两年,却觉得像两天一样短暂。如果时光可以倒流,我真想再回到妈妈的肚子里,再上幼儿园,再从一年级开始和您一起学习、成长。等到毕业时,还是依次循环。这样循环上一万次,我想我都不会烦的。想起有些老师的一幅"老板脸",切!我才不会像今天这样热爱语文、迷恋语文呢!一想到要离开您,一丝惆怅袭上我的心头。这几天,我的心里总是没谱地想:是不是毕业考试的时候,把成绩考砸了、考不及格了,就不用毕业了?就不用离开老师了?我把这个怪念头告诉了妈妈,妈妈不仅说我傻,还说我脑子不好,批评了我。也是,妈妈怎么能懂我的心思呢?哎……

老师,您还记得吗?五年级时,我们学《陶校长的演讲》时,您让我们仿写其中的一段。第一句话是"自己有没有养成阅读的好习惯?"为了这事,您利用午休时间陪我们写。写完后,您让一位同学读。这位同学写得不太好,您给她指导时,她好像不太乐意。您有点失望,夺门而去。过了五分钟,班干部到办公室给您看作文,接着,其他同学也都跟着去给您看。到了办公室,您说了好多肺腑之言,我们流下了泪水。那时,我们才认识两个星期,一点也不懂事,更不懂您的心。我们是一群贪玩的学生,散漫惯了,以前的老师可能对我们失去了信心,就由着我们这样胡闹下去。您牺牲自己的休息时间为我们补课,我们却不知好歹，惹您生气。"老师，对不起！"当我们流着泪向您道歉时，您让我们离开，并用手捂住眼睛。我知道，您流泪了，您不想让我们看见您流泪的样子，对不对？这件事，我一直记着。想您的时候，我就想想这件事，有时会没良心地笑两声，有时会流下眼泪。也就是从那时起，我下决心要改掉过去的坏毛病，做一个善解人意的学生，做一个让老师放心的学生，做一个有情有义的学生！

有一段时间，我们班的英语作业问题很严重。为此，您忧心忡忡。您亲自抓英语作业，谁的书写不好，您找他谈；谁不写，您每天联系其家长，从旁督促；您还利用语文课帮我们听写单词、背句型、背作文，还时不时地给我们点拨一下。那时，我除了佩服您的英语水平之外，还有一些心疼，就像每次看到妈妈累了的那种感觉。我决定为您分担一些，管好早读，让您每天不必来得那么早；联合班里的英语学优生，抓好作业；书写不认真的，重写；不交的，晚上回家给他们的家长打电话。就这样，我们班的英语作业恢复了常态。看到您的脸上露出了灿烂的笑容，我别提多开心了！

每次有语文生字、课文默写之类的活，我和小冷子都会趁中午您吃饭的时候偷偷地溜到您的办公室里，帮您批完、总结完，这样您就可以省点力气。您发现后，总是笑着嗔怪我们："谢谢你们啦，我自己做就行了。以后不要这样啦，好好午休，要不下午太累了。"老师，您知道吗？为你做事，我们一点也不累，为您做事可是一件荣幸的事、幸福的事呀！

今天就写到这里吧！老师，我还有一肚子的话想对您说，留到毕业那天吧！毕业的时候可别忘了和我拥抱、合影呀！

祝您永远笑容如花！

致老师的一封信

郭　鹏

敬爱的老师：

您好！

小学六年的学习生活进入了倒计时。两年的相处，我想对您说的话如瀑布般倾泻而下。打开记忆的闸门，一幕幕动人的情景在我脑海里回映，每一幕都载着您对我们的情谊……

镜头一：那时看到不少别班的男生留着一种"云遮月"的发型，我也理了同款。您对我说，这个发型很时尚，可是不适合我，我的脸有点瘦削，再加上刘海遮着眼睛，显得很没精神，不如原来的那个"少年头"显得有个性、有朝气。按照您说的，我又理回了"少年头"。您让其他同学评论这两种发型哪个更有气质，同学们异口同声地说"少年头"好。老师，从您接班的第一天起，"个性"的种子就在我心中生根发芽。您让我知道"个性"不是身着五花八门的衣服，戴闪闪发光的装饰，留标新立异的发型，而是做事坚持己见，不人云亦云，要有自己的想法。

镜头二：李佳慧过生日，带了一块蛋糕送给您吃，您一口没吃就送给了我。您说："郭鹏同学自开学以来变化最大，上课回答问题积极且声音洪亮，敢于说出自己的看法，有主见，这块蛋糕就奖给郭鹏了！"我不爱学习，爱捣蛋，爱和老师对着干，爱玩游戏，不愿意值日……我深知自己所作所为不为老师所喜。您却将这唯一的一块蛋糕给了我，老师，谢谢您！那天中午放学时，我小心翼翼地拿着蛋糕走在回家的路上，心里充满了快乐……

镜头三：我们几个男生连着三次没写数学和英语作业，您很恼火，说不教我们了。我们当时吓坏了，心想："老师，您打我们、骂我们都行，但别不管我们"。有的同学说，您是个特别重感情的老师，不会抛弃我们61个萌宝的。第二天，你果然笑容满面地出现在教室里，和颜悦色地给我们讲课。老师，您真是刀子嘴豆腐心呀！我更喜欢您了，自此不好意思不写作业了。

老师，像这样难忘的小镜头还有很多很多，如果组合起来就是一部几十集的连续剧，我把它存在记忆的硬盘里，循环播放……

万事如意！

校园情思

陈亚萱

七月的风把我们召唤，再过十几天，我们就要毕业了。每当想起即将远去的童年时光，一种深深的眷恋之情涌上我的心头。

眷恋校园给予我们那些粉红的回忆。母校啊，母校，您是我们知识的摇篮，是我们心中的迪士尼乐园！还清楚地记得六年前，我们依偎着爸爸妈妈，怀着对学校的无限憧憬、对老师的无比敬仰投入了您的怀抱。在窗明几净的教室里，我们专心致志地听讲、绘声绘色地读书、积极热烈地讨论，在散发着墨香的书本里探寻知识的宝藏；在诗意氤氲的图书馆里，我们尽情地吮吸着知识的甘霖；在绿草如茵、绿树环绕的操场上，我们奔跑、跳跃；在香气浓郁的花园旁，我们嬉戏玩耍。课间时分，我们三五成群，在学校的"大学城"下驻足、流连。畅游在世界名校之间，理想的种子在我们心中萌芽、滋长。假日，我们走出校门，去访名人故居，去寻三里河文化的溯源，去探索大自然的无穷奥秘……社区里活跃着我们创新实践的身影。母校，是您让我们从一个懵懂的孩童成长为一个知识丰富、举止文雅的翩翩少年。您慷慨给予我们的太多太多。我们除了不断地努力学习，还能做什么呢？请相信我们：今天，我们以母校为骄傲，明天，母校以我们为自豪！

眷恋老师对我们的那份深情厚望。老师啊，老师，我们永远忘不了那一刻：我们虽离开了妈妈的呵护，却看到了您慈祥的笑容；听不到妈妈的叮咛，耳边却回响起您细雨般的嘱托。您用真情涤荡着我们稚嫩的心灵，用汗水浇灌着我们理想的花朵。六年了，您那温暖如春的微笑、您那循循善诱的目光、您那刻骨铭心的教诲、您那诲人不倦的精神，激励着我们天天进步，在赏识中引领着我们走向成功。冰心说："爱在左，同情在右，走在生命路的两旁，随时播种，随时开花，将这一径长途，点缀的香花弥漫。"这不正是您教书育人的真实写照吗？敬爱的老师，您用自己的言行为我们树立了一座丰碑！即将毕业了，我们把千言万语浓缩成一首歌，歌的名字叫《感谢》。我们要用最真、最深、最美的谢意作诗行，写下您的无私和伟大，带着您殷切的期望展翅翱翔！

眷恋同学间那水晶般的情谊。是谁，每天伴你放学？是谁，在运动场上为你呐喊助威？是谁，在你高兴的时候和你一起疯狂？是谁，在你孤独无助时给你力量，与你共渡难关？是谁……那就是和你朝夕相处的同学啊。六年的时光，让我们懂得了友情的珍贵，明白了"同学"的内涵。亲爱的同学，人生旅途中，我们永远是朋友！

再见了，我的校园！再见了，我的童年！时光不会停滞，童年不会再来，但那些如歌的往事,永远定格在我们心中!印度诗人泰戈尔说:"无论黄昏把树的影子拉多长,它总是和根连在一起。"我的根在这里——三里河小学。

一个班主任的最大成就便是,学生走出校门后仍然记得自己。以下为走出小学校门后学生们对我的牵挂。

老　陈

冷晓月

老陈,还记得我吗?我是小冷子,忠实的陈迷,您的语文科代表。时光之剑射落岁月的枯枝败叶,朦胧的往事氤氲在脑海,各种微妙的感情终于凝成记忆带我回到三年前……

那一年初夏,我们的书香味儿,和着轻柔的风声,卷着淡淡的青草气息,留下美好。小升初考试已经完结,我们在学校十分清闲。您组织大家举行一个读书成果的展示。我和妮子担任主持。我俩从头到尾都要站在前面,仪表大方且不能有一刻松懈。您还是像往常一样给大家分配任务,教大家朗诵时的语音语势。我们站了有一会儿了,我感觉到自己浑身无力,想扶着身后的讲桌稍微休息一下。此时,您已经交代完同学们,转身让我和妮子继续往下进行,我不想让您对我失望,心想我还能坚持,但现实总不尽如人意,我主持得很糟糕。"你什么情况,怎么搞的?重说!"我能听出您对我的表现非常不满意。我不敢抬头看您,只是用仅存的力气重新念了一遍。"还是不行!"您走近我,气氛变得凝重,但您没有发现我的变化(我当时努力装得很强大)。您拿走了我的稿子进行指导,可我当时完全聚不起精气神来听您讲,只求自己不要晕倒,只求自己能争气。您把稿子递给我,让我再练练,便又继续和同学们交流。我感觉自己有些麻木,浑身上下冒着虚汗。我不停地深呼吸,心想这样可能有用。妮子察觉到了我的不适,有些担心地看着我,问道:"你的脸煞白煞白的,怎么了?要不要休息会?""没事。"我忍住微微的呕吐感,勉强向她笑笑。我拿着手里的稿子,似念非念,脸上湿湿黏黏的,汗水、泪水模糊了一片。我受不住了,倚着妮子说:"我难受,喊老陈吧。"我半眯着眼,只感受到您从不远处向我投来了担忧的目光。您看着我,一脸的震惊和焦急,朝我过来,身后跟着三五个同学。您蹲下,扶起我到位子上坐下,我感受到从您双手里传递出来的温柔和力量。我瘫倒在桌子上,只见您火急火燎地冲出教室,我便再也看不到别的,听不到别的了。"从没见过老陈跑得这么快!"事后听同学这样讲。您去拿手机给我家里打电话,试了几次都没打通。为我的身体状况考虑,您决定送我回家。您环抱着我,慢慢地挪到楼梯口,担心我的身体,坚持要背我。我不想麻烦您,可当时的我实在没有力气,只得厚着脸皮,爬上您的背。记得当时我们在四楼吧。您从四楼一直把我背到车旁,边走边嗔怪道:"你身体这么弱,就得多吃饭,看你多瘦啊。""嗯",我小声地答应着。前一秒严肃认真的您,后一秒竟如此温柔。您的背既有母亲般的温暖,又有父亲般的力量。我想那一刻,我应该是世界上最幸福的人。教我们两年,您应该没有这样背过别的什么人了。我蜷缩在您的背上,感受着您带给我的所有。那一刻,我的心被爱填满。到达车旁时,您大汗淋漓。

时光就这样波澜不惊地流逝着,涟漪洗濯着往事的尘埃。多年以后还是想要感谢您。我每年夏天都低血糖,但从未有任何一位老师像您一样背起我。感谢您对我的引导和教育。让我对语文感兴趣并且持续热爱它。初中升高中时,我考了650分,语文107分,数学80分。如果不偏科,我会是个很不错的学生呢。总算没辜负您的期望,感谢教导!希望三年后我能考上一所好大学,回去再叫您一声"老陈"。

忆读书

陈玉清

云中世界,静里乾坤,手捧书卷,自得其乐也。无论是武侠小说里的快意恩仇,还是乡土文学里的内敛情愫,是缠绵悱恻的爱情故事,抑或是晦涩难懂的哲学巨著,闲来翻看二三书,偷得浮生半日闲。

刚上小学时,我也算是"被迫"看书的。老师推荐的经典要看,父母购买的名著要看,考试有关的书目要看……不能说是喜欢,其实很多书一开始看起来都是有点枯燥的,但若是看进去,也别有一番趣味。后来,我开始买自己喜欢的书看。无论多厚的书,一旦感兴趣,总觉得不够看,尤其是分好多部的书,总希望作者能一直连载下去,就好像书中的那个世界也在一直运转。

初中的时候，我迷上了《哈利·波特》。记得那时候读起它来，我真的是废寝忘食，感觉自己仿佛进入书中的世界，作为一个旁观者，见证了他们一次次的冒险和奇遇。这是一种很奇妙的感觉。你可以在脑海中清晰地构想出书中的每一个人物、每一个场景，他们似乎变成了活生生的人，而不只是书中虚构的纸片人。我和书中的他们同欢喜、共忧愁，好似也经历了一场人生。"阅读最大的乐趣就在于你能轻松地浏览另一种人生，而如果有幸拥有阅读技能，那么你还会感悟自己的人生。"

其实一开始自己也是不怎么喜欢写作文的，有些作文的内容有凑字数之嫌。很感谢我六年级时的语文老师，她对我的鼓励和信任让我相信自己或许有那么一点点的写作天赋。现在回想起和老师手牵手站在领奖台的那幕，我的心中还是溢满欣喜与感动。那是我第一次参加征文比赛，而且是全国的。陈老师精心地指导着我，没想到我获得了全国一等奖，这对我而言是莫大的鼓舞。这些信心让我在接下来好多年在学习语文的道路上走得越来越稳，它成功晋升为我最喜欢的一门学科。对于写作，我也有了一点自己的感悟。古老的云朵，驮着琉璃的光阴，时间它真是一种玄妙的东西。现在翻看我以前写的东西，文笔真的是非常稚嫩，令人啼笑皆非。纪伯伦说："记忆是相见的一种方式。"透过这些稚气的文字，我好像以另一种方式重新与当年的自己相见。

如今的互联网时代，越来越多的信息都呈现碎片化的特征，人们越来越鲜有时间和心情坐下来完完整整地看完一本书，我也不例外。那些令人眼花缭乱的、目不暇接的短视频总是能很快地抓住我的眼球，吸引我驻足观望。偶尔的放松无可厚非，但是无限制地沉迷于这种简单的快乐，会使人逐渐失去自主思考和判断的能力。我们要读书，也要独立思考。书中的思想就像是别人在路上留下的足迹。我们能够看到他们留下的痕迹，但是要知道路上沿途的风景，就需要用我们的眼睛去看，用我们的身体去感受，用我们的步伐去丈量。

保持纯真，保持善良。去看想看的书，去见想见的人，去做想做的事。趁阳光正好，趁微风不燥，趁繁花还未开至荼蘼，趁这颗心还年轻未老，还可以写很多很多的话，还可以走很长很长的路。就像我与书的故事，未完待续。

人生纵有千万难，唯愿无事常相见。

以下为走上工作岗位后的学生写给我的文章。

师生情

张淑娴

记忆回溯,那年我五年级,站在教室门口,看着一位美丽的老师和几个学生迈着轻快、矫健的步子一起走向教室。那日阳光正好,几个学生像小鸟一样围在那位老师身旁叽叽喳喳,脸上带着愉悦的笑容,这美好的一幕令我心生羡慕。那时我就想,如果自己升六年级的时候能成为这位老师的学生,我一定会努力学习!

这个世界有的时候很奇妙。一天午后,我如愿成为陈老师身旁的一只欢快的小鸟。我已经记不清楚第一次与陈老师对话的内容,但永远记得当时的那份开心和喜悦。我兴奋地告诉陈老师:"以前看到您和师姐们走在一起,就特别渴望有一天能做您的学生。"她认真倾听我们每个人说的话,脸上总是带着幸福的微笑。我们像是老朋友,你一言我一语,总有说不完的话。我的六年级开始了!

升入六年级之前,我很贪玩,成绩平平,从未找到学习的动力。升入六年级之后,陈老师是我学习上的动力。我感受到她对我的关注和期待,所以我想把事情都做好。我开始认真对待每一堂课,学习热情提高了,成为班级的优秀学生之一。

中秋节,吃到好吃的月饼,就想着陈老师也一定会喜欢吃,于是,我留下一块最好吃的,开学后送给了陈老师。我收到的不只是开心的微笑和甜甜的"谢谢",还有一封信,是陈老师写给我的。天蓝色的笔墨印在纯白的纸上,加上陈老师隽秀的字体,给我的第一感觉就是清新、纯洁。那是陈老师拿出午休时间写的,信中有感谢、有中秋祝福、有对我前段时间学习态度的肯定,也有对我以后更好的表现的期待,那是我收到的最有意义的回礼。

陈老师的语文课堂总是生动有趣,让我们真正成为课堂的小主人。后来我了解到,陈老师有一个爱好,喜欢看各种语文报,并把优美的段落剪下来贴在本子上,做成一本本的小册子。

陈老师还特别有耐心。记得有一次语文课上,陈老师让我们说说有关禁止酒驾的标语。我举手,可是站起来后话到嘴边却想不起来怎么说,陈老师没有批评我,而是告诉我慢慢想,想起来随时告诉她。我现在都忘不了那句标语"酒后驾车,拿命赌博",后来去说给陈老师听,还受到了表扬。

如果把每个孩子看作一株小树苗,那在成长的过程中养成的坏习惯就是树苗长出的"歪杈",去掉"歪杈"的过程难免会伴有疼痛。我之前经常早上不吃饭就去上学,待到第四节课时我早已饿得没有力气,注意力也不集中。一次在陈老师的课上,陈老师见我注意力不集中,让我站起来读课文,我饿得没有力气读,就开始闹情绪。一开始,陈老师不知道原因,有些生气。课下,她找我了解情况,知道我是因为没吃早饭所以课堂状态不好,便没有继续批评我,而是和我说起了吃早餐的重要性和不吃早餐的危害。我都记在心里,此后多年一直认真对待早餐。一周,班里选了五个人轮流做值日班长,其中就有我。我从来没有做过值日班长,轮到我的那天,我超级兴奋,心想我一定要尽职尽责。早上,我第一个到校,放下书包就开始打扫教室和院子,可是一个人的力量是单薄的,快上课了,院子里还有很多落叶。陈老师看了很生气,批评了我。我心里实在委屈,可怎么也想不明白,为什么我早早到校,尽力打扫,还是没有做好。因为一大早就受到批评,一上午我都闷闷不乐。大课间,陈老师找我分析原因,我把经过一说,陈老师马上就找到了问题出在哪里。身为今天的值日班长,我没有合理地安排好值日生,组织大家分工合作,光想着自己一个人完成。找到问题出在哪里,我的心里舒服了许多。傍晚时,我收到了陈老师的信。她在信中先表示对我今天做值日班长的态度的肯定,并对早上批评我向我道歉,然后详细分析了值日班长的职责——徒有责任心不够,还要学会合理分配值日生,组织大家合力完成清扫工作。

小学毕业后,我每年都会去拜访陈老师。陈老师再忙也会抽出时间,和我聊聊过去一年里我在学习上、生活里发生的事,谈谈未来的打算,用一席话帮助我把心态摆正,重新扬帆,迎接新一年的挑战。现在我已大学毕业,也成为一名教师。在陈老师的身上,我看到并学习到——老师要怀着一颗炽热的心,心里满怀着学生,用心做好教育工作,用真情换真心。我相信孩子的心是最单纯的,是最能辨别真假的,今后,我会以陈老师为榜样,用真心对学生,做学生心目中的好老师。

严慈相济是门学问
——以老师的身份回忆我的老师

韩　梅

很多人说,在一个人的学习生涯中,高中和大学阶段给下的印象最为深刻,但我觉得小学时光才最值得回忆,因为它不像高中那样充满压力,亦不像大学那样时而迷茫、时而踌躇满志。

忆起小学时光,从 2002 年到 2008 年,南关小学似乎从未发生过改变:学校没有翻新过,教室没有装修过……直到我们毕业后,好几所小学合并成为三里河小学。小学六年级,我幸运地被分到了陈老师的班里。此前,我便对陈老师有所耳闻。听说,她是一个超级"厉害"的老师,一是特别严厉,二是班级管理得井井有条。真正加入这个班级、成为陈老师的学生后,我才切实体会到,她是一个严慈相济、教导有方的好老师。

印象最深的是,我们班有一群爱打篮球的男生。当时,篮球界风靡的球星有科比、詹姆斯等。男生们也因此分为两大"阵营",有喜欢科比的,有喜欢詹姆斯的(他们喜欢叫詹姆斯为"老詹")。当时,学校的操场还是土质的,没有塑胶跑道,更没有专门的篮球场,只有几个篮球筐,但这些丝毫没有影响他们对篮球的热爱。他们喜欢中午去操场打球,上课前热得满头是汗。对此,陈老师一方面严厉教育,另一方面和男生有约定,可以利用体育课一起打球(陈老师也喜欢打篮球),但中午不许。从学生的角度来想,能和班主任一起打球是多美好的一件事啊。陈老师能够走进学生的心里,男生们和她一起打球时十分开心。其实,现在作为一名班主任,我对在非"正常"时间打球这件事,也是明令禁止的。高中生的想法比小学生要多,有时候课间不跑操,部分学生就会跑去打球。对于这些现象,我直接要求教室和宿舍内不准出现任何球类,全部放到办公室,只有体育课才可以拿走。这种做法只奏效了一段时间,下学期班级就出现了各种各样的"藏球"事件,有藏在书橱里的,有把羽毛球拍放在教室前窗帘后面的。于是,我又改变对策,规定"球类一旦被没收,学期末才能退还"。我的这些对策,无法从根本上解决问题。直到高二,我鼓励学生利用课间在教室学习,或利用课间去办公室问老师问题,并表扬了班里的学习典型,慢慢地课间打球事件才得以解决。

　　到暑假,我工作刚满两年。我最大的感触就是严慈相济真的很重要。严厉可以在短时间内起作用,但不能从根本上解决问题,如课间打球事件。而且有时候一味地严厉,容易引发学生的逆反心理。现在班里有些学生依旧对我的管理存在很多意见——管得太严、管得太多。所以,班主任要让学生接受自己的错误,意识到自己的问题。我记得当时六年级班里有不少调皮捣蛋的男生,陈老师有时候会严肃地惩罚他们,但他们并没有讨厌陈老师,反而比班里其他同学更喜欢陈老师。班主任管得严是真的,对学生好也是真的。对班主任来说,最重要的是要让学生知道,这是为了他好,惩罚、批评不是目的,帮助他健康成长才是终极目标。如何才能让学生知道老师批评他,是为了他好呢?这是一门大学问。陈老师在严厉与慈爱之间找到了一个很好的平衡点。正因如此,学生们敬畏她的同时,更多的是喜欢她,这是陈老师能够成为名师的一个重要原因吧。现在我也在逐渐寻找适合自己的教学方法,既能让学生少违反纪律,也能让学生感受到我对他们的关爱。

　　如果说第一年的班主任生活是摸着石头过河,那么第二年就是在摸索中寻找方法。一个刚工作的老师,好方法是哪里来的?其实很多方法都是从自己老师那里学到的,把自己曾经深受感动的方法转过来用到自己学生身上。我记得,一次我提前把陈老师没布置的作业也写了,陈老师在我的作业本上写了好多鼓励的话,当时的我心里美滋滋的。所以,现在我也尝试鼓励学生,有时候在改错本上写下几句话,有时候和学生谈话时借机鼓励表扬他们。有时候学生真的需要我们的肯定和关注。

　　现在想来,陈老师就是一个时时充满活力的女教师,有想法、有目标、有计划、有行动。有一天,我到了陈老师这个年龄,自己是否也能如她般充满干劲呢?有幸能够在读书的路上遇到陈老师。读书时,她是我敬爱的老师;工作后,她是我的目标和榜样。心中有目标,脚下有力量,未来我会慢慢总结自己的方法,努力成为一名优秀的教师!

我和恩师的二三事

杨　娟

"感恩的心,感谢有你,伴我一生,让我有勇气做我自己。感恩的心,感谢命运,花开花落我一样会珍惜……"每当这熟悉的旋律响起,我都会情不自禁地想起我敬爱的老师们。是他们,在讲台上寒来暑往,为了我们能够学有所成、学有所进,天天披星戴月,不辞劳苦,呕心沥血,无一怨言。父母恩,师生情。老师是这个世界上除了父母最希望看到我们成才的人。我的生命中就有一位一直伴我成长的恩师,她就像灯塔一样,一直照亮我前进的方向。不论我遇到多大的困难,只要想到她,我的心中就会充满无穷的力量,有勇气战胜一切!她就是我的初中语文老师——陈老师。

她妙语连珠,关注学生学习能力的培养,让学生去领悟;她更关注交流,让学生去表达;她讲的课总是像磁铁一样把我们牢牢地吸住。那时的我内向腼腆,非常自卑。她一个赞扬的眼神,我便会万分开心;她一句温暖的问候,我就能感受到第二种亲情。记得刚上初中不久,一次因为父亲的训斥,我一整天都浑浑噩噩的。下午有作文课,我稀里糊涂地写了一通。等作文本发下来后,我看到了陈老师的评语:"愿你百尺竿头,更进一步!"那一刻我的心里暖暖的,暗暗发誓一定要刻苦努力,取得优异的成绩,不能让陈老师失望!其实,陈老师那时并不知道她的一个简短的评语,给予了一个自卑的心灵多少勇气和信心。她更不会知道,从此以后她在这个学生心中的分量有多重!那时的我们每天都要上晚自习,学校停电是常有的事。一次,晚自习时进行语文测验,我只顾着答题,突然发现蜡烛快要燃尽了,我心里有点发慌,这时,陈老师从讲台上把她自己的蜡烛点燃了,放在我的课桌前,轻轻地拍了拍我的肩。虽然没说一句话,但是我感受到了陈老师对我关爱,那一抹烛光不但照亮了黑夜,也温暖了我的心。

初中毕业后我到青岛上学。每年寒假去看望陈老师是我最快乐的时刻。她知道我家里经济条件不好,虽然她自己的工资也不高,但是每次临走时还要塞给我压岁钱,让我好好照顾自己,不要为了一等奖学金过于拼命学,把身体累垮了。每次和她分别时我都万般不舍,偷偷抹眼泪。我很荣幸,遇上一位待我如亲人的老师。

参加工作以后，我给自己定下一条规矩：每年寒暑假如无特殊情况，一定去看望她。即使我们许久未见，也能无话不谈。她既像一位长者，又像一位知心朋友。她能读懂我的喜怒哀乐。结婚生子后，我们的联系从未间断，从工作、家庭、孩子、人生等方面，她一直指引我前进，她是我心中像家人一样的牵挂和惦念。

也许，在别人眼里，这只是一些平凡的小事，可我从中读出了陈老师的不平凡。桃李不言，下自成蹊。她一直都是一位心中有爱、眼中有光的老师。她用爱心拥抱了学生，平凡而伟大。我和陈老师的故事还会继续下去，我要把她给予我的昨天折叠成记忆的小船，任其漂荡在我感恩的心湖。

师恩如山，因为高山巍巍，使人崇敬。我还要说，师恩如海，因为大海浩瀚，无法估量。我发自内心地感谢陈老师，感恩她为我所做的一切！

时光流逝，不变的是学生对老师的情义。光阴的冲刷，记忆仍如此清晰。为师的幸福莫过如此吧！

每到暑假我都很忙，其中的一部分忙碌是因为招待学生。自放假那天起，我便电话不断、短信不断，连邮箱里的信件也多了起来。这些信息途径不同、语言表达形式各异，但主题大致是相同的："陈老师，您今天有时间吗？我们想去看您。"刚毕业的、初中毕业的、高中毕业的、工作了的，好意难却。接到这样的信息，我喜不自禁，能被学生特别是早就毕业的学生想念，是一件特别幸福的事情。

因为年龄的差异，我分批接待了他们。师生见面分外欢，我们无话不说、无事不谈。他们在我面前的那份自然、坦荡与信任一点都没变，亦如当初。我仍是他们最信赖的朋友和忠实的听众。

昨天的耕耘在今天羽化为一份别样的美丽，我的内心油然生出一份巨大的自豪感和小小的成就感。谁说小学生的感情如流星、如昙花？只要真心付出，就会收获恒久的快乐。师爱无边，师生情谊方能绵绵。

七、生日课程

生日，在家和亲朋好友过，与在教室里和同学过是不一样的。在家里，多为吃吃喝喝,更多的是借着过生日,邀请亲朋好友一块聚聚,带有家庭聚会的性质。在教室里集体过生日,是让学生认识到生日的意义,增进同学之间、师生之间的情谊,是纯粹精神层面的,并且有许多中国文化元素在里面。

学生是主角,班主任协助学生策划、组织。

(一) 精心准备

1. 学期初,按月份统计好生日

2. 庆生时间

3月份的统一安排在3月8日的妇女节过;5月份的在5月的第二周的周五过(与母亲节同时);7、8月份的因在暑假里,安排在6月1日儿童节过;其他的安排在每月最后一个周的周五下午第三节过。

3. 采访妈妈

过生日的同学提前了解与自己生日有关的故事。

4. 其他同学为"小寿星"准备礼物

礼物可以是一首生日诗、一幅画、一首歌、一支舞、一段他们的成长故事。为了让每个"小寿星"得到均衡的礼物,我让不过生日的同学根据他们准备的礼物进行分组,这样每个"小寿星"都可以得到大致相同的礼物了。

5. 成立班级庆生筹备队

该团队由15人组成。班主任是总策划;两人负责主持;两人负责统计礼物与分类;两人负责写主持词;一人负责做PPT;一人负责播放音乐《高山流水》《友谊天长地久》《朋友》《相亲相爱一家人》;一人负责电脑屏幕背景——"小寿星"的照片循环播放等;两人负责布置黑板和教室、摆放桌椅等("小寿星"们坐一起,其他同学坐一起);两人负责列出与班级阅读书目或生日习俗有关的题(生日主题每月一个,根据月份和"小寿星"们的特点确定主题);一人拍照。

6. 学吟《诗经·小雅·天保》——中国人的生日歌

"天保定尔,以莫不兴。如山如阜,如冈如陵,如川之方至,以莫不增。"

"如月之恒,如日之升。如南山之寿,不骞不崩。如松柏之茂,无不尔或承。"

吟诵专家徐健顺教授认为,现在我们中国人过生日,唱的是英文歌,只有一句歌词，就是"生日快乐"，好像过完生日就不快乐了，好像也说不出别的祝福似的。其实我们中国自古就有生日祝福的诗歌——《天保》。我们是中国人，要从传统文化里汲取成长的营养，让我们的生日富有民族风。《诗经·小雅·天保》就是中国人的生日歌。

（二）集体庆祝生日基本流程

1. 班主任致辞

2. 齐吟中国生日歌《诗经·小雅·天保》

3. 感恩母亲

1）讲述自己出生的故事

2）齐唱《世上只有妈妈好》

3）3月份要和妇女节整合，5月份要和母亲节整合

4. 同学情深

1）赠送礼物，表达祝福

2）生日诗朗读

3）中国生日习俗接力发言

4）6月份要和儿童节整合

5）庆生代表感言

6）呼班训，齐唱班歌

7）班主任总结

8）"小寿星"合影（全班合影）

例如，3月份庆生"感恩母亲"环节，我们举行了"护蛋"活动，体会妈妈十月怀胎的不易。

如此"护蛋"，感恩母亲

刘海波

一早，我就小心翼翼地用双手护着我的鸡蛋去上学，就像我小时候妈妈保护我一样。到了教室，我把鸡蛋小心地放到口袋里，和它一起学习。下课时，我和孙婷带着我们的鸡蛋一起编花绳。我们玩的时候非常小心，生怕鸡蛋碎了。

中午放学时,不小心"啪"的一下,鸡蛋掉地上了!我非常伤心,自言自语道:"我真是笨手笨脚,连鸡蛋都保护不好,唉!"整个下午,我的心情非常不好。放学回到家,我向妈妈说:"妈妈,谢谢您这么多年每时每刻地呵护我长大,您辛苦了!"

这个活动让我感受到了做妈妈的不易,让我懂得了什么是感恩。自从小弟弟出生以后,我才知道妈妈是真的不容易,这不是用一句话就能表达的。有时妈妈在沙发上坐着就能睡着,我看了心里很不是滋味,所以力所能及地帮她做点什么。今天是个特殊的日子,我画了一幅画送给妈妈,她很是感动,还夸我懂事。再过几天就是妈妈的生日了,我要画幅更好的画,配上最漂亮的字送给妈妈,给她一个大大的惊喜。我要努力让自己变得更优秀,这才是送给妈妈的最好的礼物。然后,去带动小弟弟,让他向我看齐。这样,以后妈妈教育小弟弟就轻松多了。"

谁言寸草心,报得三春晖。世界上最平凡的人是母亲,而最伟大的爱是母爱。

又如,6月份庆生,与"六一"儿童节整合,学生更加兴奋。

今年"六一"真过瘾

张旭晓

"今年'六一'真过瘾!"这是众多同学的"六一"感言。那天,我们不仅观看了丰富多彩的节目,而且集体庆生的礼物特别又有趣:参观了宝龙艺术村,进行包粽子比赛……这样的生日真是太好玩了!我觉得包粽子比赛最有意思啦!

包粽子,对于我们这些"小吃货"而言新奇又为难。下午,我们井然有序地来到餐厅,迫不及待地来到桌前,却对食材有些"望米兴叹":"天呐!从哪儿下手啊?"我左手摊开粽叶,右手抓了一点米,不知所措,再看看其他同学,不少和我一样,一脸茫然。

这时,餐厅阿姨给我们演示了一遍,我迫不及待地试了一下。可怎么包出的粽子奇形怪状的,正方形的?我干笑了两声,决定再试一次。嘿!这次包出三角形的了,虽然不怎么好看,但还是有点粽子样的。在我正准备向同伴炫耀时,"啪",里面的米全掉出来了,我苦笑了两声……

我连忙跑到老师那儿"取经"。老师包得有棱有角的,我把老师的包法记在心里。回到桌前,我重新拿起粽叶和米。"咦?怎么还是包不好呀?""耶,我包好了一个!""哎,你看我这个……"听着同学们此起彼伏的惊叹声,我心急如焚。"气死我了!我这手咋这么笨呀!"我苦恼起来。突然,"大救星"从天而降。妈妈来啦!我大喜。妈妈先给我们组当老师:"首先,找出五个完好无损的粽叶,把它们并排起来起来,对折,伸开,卷成立体锥形模样。然后,放入适量的米,再系起来。看!一个'标准'的粽子就做好了。"妈妈手把手地给我们指导,不一会儿,我们都包得有点粽子样了。看着一大盆包好的粽子,我们仿佛闻到了端午的味道……

哦,真是上了一节生动的课!我们不仅学会了包粽子,而且还体会到"粽子好吃却难包"。

这就是我们的"六一",一个别样的"六一",一次难忘的生日!

集体庆生时,会互相赠送生日诗。以下为学生们自创的生日诗。

赠一冰

宋 琦

一冰同学,
你的心灵像冰一样晶莹。
他不会做题,
你耐心教他,
直到他会为止。
她病了,
你主动替她值日。
我忘了带笔袋,
你主动给我两支笔。

……

你的好，

大家都知道。

谢谢你，一冰同学，

祝你生日快乐！

你是班级代言人——赠文硕同学

你是五年级二班的"宋江"，

同学们都愿意听你号令。

老师不在"家"时，

你会把班带得井井有条，

课前读书有模有样，

路队管理秩序井然。

谁违反班规，

你毫不客气。

像开封府的"包公"，

铁面无私。

你有好的东西，

会慷慨地和大家分享。

你会学习，

玩中学，学中玩，

成绩总是名列前茅。

你不愧是班级的代言人。

今天是你的生日，

祝你一马当先，独占鳌头！

赠班级女"学霸"

于　新

你敏而好学，
学而不厌，
学习成绩出类拔萃。
老师为你点赞，
同学夸你神奇，
家长为你骄傲，
我们全班为你自豪！
愿你今后继续保持王者之范！

第四章
节日课程的构建与实施

一、传统节日课程

　　文化是一个国家、一个民族的灵魂。文化兴则国运兴,文化强则民族强。中华优秀传统文化博大精深、源远流长,是中华民族不断发展壮大的精神命脉,是我们最深厚的文化软实力,是我们在世界文化激荡中站稳脚跟的根基。没有高度的文化自信,没有文化的繁荣兴盛,就没有中华民族伟大复兴。立德树人是学校的根本任务,学校致力于培养更多担当民族复兴大任的时代新人,就要做好中华优秀传统文化传承,帮助学生树立真正的文化自觉和文化自信。而这种自觉和自信的获得,首先源于中华民族 5 000 多年文明历史所孕育的中华优秀传统文化。任岁月流转,我们的生活方式不断改变,传统节日丰厚的文化意蕴依然富含魅力、润泽心灵。以春节为代表的传统节日是中华优秀传统文化的重要组成部分,承载着丰富的文化内涵和重要的价值观念,凝结着中华民族的文化血脉和思想精华。它是传播优秀传统文化的最佳时机。引导学生在节日纪念活动中理解民族文化、热爱民族文化,成为节日教育的重要内容;将中华优秀传统文化的种子根植于学生心中,是班主任工作中的一门重要课程。

(一) 创新形式,感受文化的魅力

1. 吟一吟

古诗词是文学王冠上的明珠,它凝聚了人生最美好的思想、情感,富有感

染力、形象性和意境美。诵读古诗词,可以于不知不觉中改变一个人的气质,提升其境界,同时,可以让学生更好地领略汉语之美,学习如何典雅地进行表达。古诗词里有不少关于传统节日的描述,吟唱古诗词,不仅有助于学生了解传统节日的习俗,还对"吟诵"这种传统文化进行了传承。

以下这些关于传统节日的诗歌,应要求学生熟练背诵。

元宵节:《上元竹枝词》(符曾);《正月十五夜灯》(张祜);《元宵》(唐寅);《生查子·元夕》(欧阳修);《青玉案·元夕》(辛弃疾)。

清明节:《清明》(杜牧);《寒食》(韩翃)。

中秋节:《水调歌头·明月几时有》(苏轼);《望月怀远》(张九龄);《十五夜望月》(王建);《嫦娥》(李商隐)。

端午节:《橘颂》(屈原);《端午》(文秀);《端午即事》(文天祥);《渔家傲·五月榴花妖艳烘》(欧阳修);《减字木兰花·竞渡》(黄裳)。

春节:《元日》(王安石);《守岁》(苏轼);《拜年》(文征明);《田家元日》(孟浩然)。

通过吟诗活动,引导学生在祥和气氛中过一个兴致盎然、弦歌不辍的节日,既营造了节日气氛,又进行了诗词文化教育,让古典诗词激活了其生命力。

2. 诵一诵

关于春节:《童年的春节》(冰心);《北平年景》(梁实秋);《过年》(丰子恺);《北京的春节》(老舍);《记春节》(孙犁);《过去的年》(莫言)。

关于中秋节:《中秋的月亮》(周作人);《中秋节》(萧红);《印度洋上的秋思》(徐志摩);《月迹》(贾平凹);《四世同堂》(老舍);《运河的桨声》(刘绍棠)。

关于端午节:《端午的鸭蛋》(汪曾祺);《边城》(沈从文)。

由于现代文明对传统生活方式的冲击,传统节日不可幸免地遭到销蚀,通过诵读这些作品,让传统节日在学生的生命中持续地发酵,酿出醇厚的中国味道。

3. 说一说

节日是时间的驿站,是生活的华章,每个节日都有特定的过法。通过"说起源、聊习俗"的方式,让学生了解节日文化。

4. 讲一讲

每个传统节日的背后都有一段故事。例如,与元宵节有关的是挂灯的故事,与清明节有关的是介子推的故事、革命英雄的故事,与端午节有关的是屈原的故事,与中秋节有关的是嫦娥奔月的故事,与春节有关的是年的故事。通过讲故事的方式,让学生了解传统节日的起源与习俗。

5. 写一写

每举办一次活动,都要让学生写写心得体会,谈谈感受。例如,端午节活动过后,刘文同学写道:

"每逢端午,我的手上就会多一条五颜六色的手编绳。那手编绳在心灵手巧的妈妈手里就像个艺术品。我仔细端详起手中的彩绳:一节连着一节,像小姑娘的辫子,像春天里的枝条婀娜多姿。手编绳由红、粉、黄、橙、蓝紫、靛、绿八种颜色的绳子编织而成,好看极了,好似花团锦簇的花园一样缤纷。我戴着手编绳四处炫耀,既收获了无比的欢愉与快乐,也让我了解了古代人民对美好时光的期待与热爱。"

6. 做一做

例如,做花灯、包粽子、编五彩绳、贴春联。

二、挖掘内涵,感受传承的力量

每逢传统节日,我都告诉学生这些节日过的是一种中国文化,包含着中国的美食文化、民俗文化、精神文化。我会要求每个学生通过查资料、问家长等方式,了解节日背后的文化内涵,厚植家国情怀,增强对传统文化的感知、体悟能力,感知我们民族特有的文化精神。

(一) 春节

家风是一个家庭的精神内核,是社会风气的重要组成部分。一个家庭能否做到薪火相传,其关键性的因素就是这个家庭里面的家风相传问题。春节是团圆节,特别讲究家族门第。班主任应该将节目与良好家风相结合,开展"寻根"教育,让学生认祖归宗,记住乡愁。让学生采访自己的长辈,了解长辈及祖辈的历史,了解自己的家族,寻找传承的家训家风文化,以这种方式寻根问祖,找到家族传承的精神脉络,获得无穷的家族精神力量。

把孝心献给父母

李永杰

百善孝为先。孝顺长辈是我家的家风。它深深地影响着我的成长。

有一次,奶奶生了场病,躺了好多天。妈妈一直伺候奶奶,给她喂水喂药,梳头洗脸,陪她聊天。经过妈妈的悉心照料,奶奶的身体慢慢地康复了。妈妈除了要照顾奶奶,还要照顾我和姐姐,还要给来诊所的人看病。妈妈每天那么辛苦,可是她从来不抱怨什么,总是笑嘻嘻的。我都上五年级了,可是从来没有为妈妈、为这个家做点什么,就像一个小"寄生虫"。我对妈妈说:"妈妈,以后到了周末,您就把照顾奶奶的任务交给我吧,我想我能做好的。"妈妈很高兴。于是,我就开始了周末"护老"行动。妈妈说奶奶在恢复期,应该喝点粥,好消化,有助于恢复。我学着妈妈的样子,在盆里倒入一些米,洗了洗,在锅里加了些水,用大火烧开,然后用小火慢慢煮,大约一个小时,香喷喷的粥就熬好了,我先用碗盛了一些,待稍凉后,我一口一口地喂到奶奶的嘴里。奶奶夸我是个好孩子,我都不好意思了。我忙活了大半天,体会到妈妈的辛苦,紧接着又为妈妈盛了一碗,说道:"妈妈,您也喝一碗吧"。妈妈看着碗,抿嘴笑着说:"妈妈就是不喝也饱了。"看着妈妈的笑容,我心里很甜蜜。其实这些都是我应该做的呀!孝心不仅让家人快乐,也让自己快乐。

"孝"是中华民族的传统美德。愿我们每个人把孝心奉献给亲人!

(二)清明节

《致敬英雄,做最美中国少年》主题班队会

【活动主题】《致敬英雄,做最美中国少年》。

【活动目的】英雄是我们今天幸福生活的缔造者。甘为天下,心系苍生,他们是华夏儿女世世代代学习的榜样。他们的精神是中华民族高高飘扬的旗帜。他们不该被忘却。习近平总书记说:"一个有希望的民族不能没有英雄。"校

园里,一些歌手、演员等成为不少学生的偶像,英雄的真正含义正在被泛化、误读。因此,我们中队设计了本次主题活动——《致敬英雄,做最美中国少年》。通过活动,让队员们了解英雄事迹,学习英雄品质,争做英雄,增强对少先队组织的认同意识和光荣感、归属感;在活动中弘扬英雄精神,点燃队员们梦想的火把,树立远大理想,激发爱国情感,争当最美中国少年。

【活动准备】队员通过网络、图书馆、书店等不同渠道自主收集有关英雄的歌曲、故事、书籍等,再根据收集的资料,将相同主题的队员组成一小队,各小队自主确定活动形式。各队员还要和家长一起观看一部关于革命英雄的影片或亲子共读一本红色经典书籍。自制心灵成长卡《我崇拜的英雄》。

【道具】小红旗。

【活动过程】预备活动:行队礼,唱队歌(中队长辛昊轩、副队长张宇新主持,小队长赵玮琳指挥)。

【活动导语】时光缓缓流淌,穿过岁月的讲堂,记忆沉淀为永恒。有一个形象,在我们心中屹立,如巍然丰碑,助推我们成长;有一种力量,在我们心中激荡,如星星火炬,点燃我们的梦想。它的名字叫英雄——我们民族的脊梁,我们学习的榜样。让我们一起追寻英雄的足迹,汲取成长的力量。活动课前,每位队员都做了精心准备。现在就以小队为单位,将你对英雄的敬意,以自己喜欢的方式,把这精神大餐和小伙伴们分享一下吧!

【活动内容】

活动一:经典诗文诵英雄。

队员诵读爱国古诗。

主持人:一首诗就是一份赤子情怀。翻开历史的长卷,我们看见一颗颗伟大的中国心沉淀为文字,如火焰般在跳动。你们小队通过声情并茂的古诗文诵读,把屈原、范仲淹、文天祥、戚继光、顾炎武、谭嗣同、林则徐等英雄的铮铮铁骨淋漓尽致地表达出来。高山仰止,景行行止。

辅导员:让我们带着由衷的敬意一起诵读:

路漫漫其修远兮,吾将上下而求索。(屈原)

先天下之忧而忧,后天下之乐而乐。(范仲淹)

人生自古谁无死,留取丹心照汗青。(文天祥)

男儿铁石志,总是报国心。(戚继光)

苟利国家生死以,岂因祸福避趋之。(林则徐)

我自横刀向天笑,去留肝胆两昆仑。(谭嗣同)

主持人:国家兴亡,匹夫有责。巍巍中华,舍我其谁?此时,我感觉我们的教室正弥漫着一股浩然之气,大家都被这些英雄的家国情怀深深地感染了。真好!

活动二:红色歌曲唱英雄。

队员唱红色歌曲。

主持人:一首歌就是一段历史。抗日战争爆发,面对日本侵略者,中华儿女奋勇杀敌,谱写了一曲壮丽的民族之歌。王二小、雨来、张嘎、杨靖宇、赵一曼、赵尚志……他们的精神鼓舞着一代又一代人。你们小队用嘹亮的歌声带领我们重温那段红色历史,让我们仿佛置身于硝烟弥漫的战场。千千万万的抗日英雄抛头颅洒热血,不屈不挠,铸就了伟大的抗战精神,让中华民族再次屹立于世界之林。血色山河,以史为鉴。历史是最好的教科书。

辅导员:这三个日子大家要铭记,9月3日是中国人民抗日战争胜利纪念日,9月30日是烈士纪念日,12月13日是南京大屠杀死难者国家公祭日。铭记历史,缅怀先烈。作为新时代少年,弘扬抗战精神、传承红色基因是你们义不容辞的责任。

主持人:其他小队请起立,让我们齐唱国歌来缅怀我们的抗日英雄。"起来,不愿做奴隶的人们,把我们的血肉筑成我们新的长城,中华民族到了,最危险的时候,每个人被迫着发出最后的吼声,起来,起来,起来……"

辅导员:从歌声里,老师听到了你们内心深处正澎湃着一份爱国的激情!爱国就是用自己的生命捍卫祖国的主权,让国家安定、百姓安居。感谢队员们的精彩分享!继续交流。

活动三:感人故事讲英雄。

队员讲故事。

主持人:一个故事就是一面旗帜。你们小队通过娓娓的讲述,让我们感受到英雄们的家国情怀。

辅导员:分享抗疫英雄的故事。观看视频——9月8日全国抗击新冠肺炎疫情表彰大会。

队员分享观后感:你想对抗疫英雄说什么?

主持人:艾青说:"为什么我的眼里常含着泪水,因为我对这片土地爱得深沉。从古到今,所有的英雄有一份伟大的情怀——我爱我的祖国。"

全体队员:歌唱《我爱我的祖国》。

活动四:种下一个英雄梦。

辅导员:一个有希望的民族不能没有英雄。我们中华民族自古就崇尚英雄,且英雄辈出。自古英雄出少年。此时此刻,亲爱的队员们,你的心中一定有一个英雄梦。请拿起笔,在成长卡上郑重地写下一位英雄的名字。从现在开始,他就是你成长路上最闪亮的星,他就是你的偶像。

队员们写英雄。

队员们全班交流自己的英雄梦。

全体队员齐诵:梁启超的《少年中国说》。

活动尾声:行礼,呼号。

主持人:准备着,为共产主义事业而奋斗。

队员:时刻准备着!

【活动总结】

辅导员:少年智则国智,少年强则国强。队员们,"党的阳光雨露,给我们哺育",少先队温暖的怀抱,是我们成长的摇篮。让我们扬起梦想的风帆,肩负起实现中华民族伟大复兴使命,做最美中国少年,让星星火炬代代相传!让我们时刻准备着,为共产主义事业而奋斗,为中国梦而奋斗!

主持人宣布:"致敬英雄,做最美中国少年"主题中队会到此结束。

课后作业:推荐阅读《共和国脊梁》。

(三)重阳节

孝亲敬老是中华民族的传统美德。重阳节又叫老人节、菊花节、登高节、茱萸节。通过这个节日,培养学生慎终追远的生命意识,感悟"尽孝心·传孝道"的传统文化,传承家庭美德,培养社会公德,让节日文化入脑入心。

1. 知习俗

重阳节是农历九月初九。在中国的文化中,"九"为阳数,九月九日,日月并阳,两九相重,故而叫"重阳",也叫"重九"。"九九"重阳与"久久"同音,"九"在数字中又是最大数,有长久长寿之意,有辟邪、求寿、祈福求吉的文化内涵,有敬老、登高、赏菊、喝菊花酒等习俗。

金秋菊花香

陈　红

当清爽的秋风将天空吹向高远,当枝上的绿叶换上橙黄,又到了菊花飘香的时节了。在这飒飒西风起舞的日子里,菊花正盛开在这清冷的秋日里。今天是重阳节,有登高、赏菊之习俗,我们虽不能登高,但老师可以带着我们一起赏菊。你看,学校的菊花开了!

一走进菊园,我就被花团锦簇的景象深深地吸引住了。"哇,太美了!"我情不自禁地喊出声来。瞧,这里一簇,那里一丛,好一个五彩缤纷的世界!黄色的淡雅,白色的高洁,红色的热烈,粉色的梦幻……有的含苞待放,有的粲然绽放,还有的刚露出点小骨朵儿……它们沸沸扬扬地开着,潇潇洒洒地开着,袅袅婷婷地开着,淡淡的清香弥漫在园中。一阵清风徐来,朵朵菊花摆动着婀娜的身姿,风情万种,仿佛在和欣赏它的人们微笑致意。"不是花中偏爱菊,此花开尽更无花。"我津津有味地欣赏着,不由自主地吟诵起唐朝诗人元稹的诗句来。"快来看,这一盆!"循着老师的声音,我疾步走过去。走近一看,"哇,这一盆好与众不同啊!"我又惊喜起来。我仔细端详:这是一朵金黄色的菊花,开得格外灿烂。它的花瓣很独特,是一条条的,如细丝般,中间的细花瓣向里卷着,又像鹰爪一样,四周的花瓣向外舒展,略微弯曲,又有些下垂,好似金黄色的瀑布倾泻而下。那花茎是那么纤细,层层叶子间隐约有点露珠,闪动着成串的光辉,好像是刚浇过的样子。

当我带着一身的菊香回到教室时,那五彩缤纷的菊花仿佛还在眼前摇曳……

"秋菊能傲霜,风霜重重恶。本性能乃何,风霜其乃何!""宁可抱香枝上老,不随黄叶舞秋风。"西风乍起,天开始冷了。草木凋零,百花零落,只有菊花还傲立风中,装点着大地。

哦,菊花,你不像茉莉那样芳香,也不像牡丹那样艳丽,但我对你钟爱有加!

2. 诵经典

《弟子规》等国学经典中有许多关于"孝"的句子,通过诵读,感悟中华传统的"孝"文化。

"父母呼,应勿缓。父母命,行勿懒。父母教,须敬听。父母责,须顺承。
冬则温,夏则凊。晨则省,昏则定。出必告,反必面。居有常,业无变。
事虽小,勿擅为。苟擅为,子道亏。物虽小,勿私藏。苟私藏,亲心伤。
亲所好,力为具。亲所恶,谨为去。身有伤,贻亲忧。德有伤,贻亲羞。
亲爱我,孝何难。亲憎我,孝方贤。亲有过,谏使更。怡吾色,柔吾声。
谏不入,悦复谏。号泣随,挞无怨。亲有疾,药先尝。昼夜侍,不离床。"

3. 讲故事

24孝的故事流传至今,其意义仍影响深远。通过查阅资源讲一讲、议一议的方式,让学生从故事中汲取成长的力量,并说说从故事中体会到什么。

孝感动天、戏彩娱亲、鹿乳奉亲、百里负米、啮指痛心、芦衣顺母、亲尝汤药、拾葚异器、埋儿奉母、卖身葬父、刻木事亲、涌泉跃鲤、怀橘遗亲、扇枕温衾、行佣供母、闻雷泣墓、哭竹生笋、卧冰求鲤、扼虎救父、恣蚊饱血、尝粪忧心、乳姑不怠、涤亲溺器、弃官寻母。

4. 知孝道

孝亲敬老不应只体现为在重阳节这一天尽孝,还应体现在平日里。为了让学生的孝行看得见,我班以文字的形式记录下学生们的孝行。每周一的主题班队会上,我都会留出10分钟的时间来进行分享。

为了感恩母爱,我班每天还会保留一个作业,并用表格进行记录,如表4.1所示。

表 4.1 每天为妈妈开一朵花

时 间	孝 行	妈妈的评价	自我评价
星期一			
星期二			
星期三			
星期四			
星期五			
星期六			
星期日			

通过每日感恩分享,学生们不仅践行了孝文化,而且促进了和妈妈的沟通交流,使亲子关系更加和谐。

5. 讲公德

和学校家委会一起开展"走进敬老院"活动,培养学生孝亲、爱众,怀揣一颗博爱之心。

例如,宋阳在参加敬老活动后,这样写道:

"我们排着整齐的队伍走进胶莱镇敬老院,看到许多步履蹒跚的老爷爷、白发苍苍的老奶奶。尽管行动有些迟缓,但他们还是很热情地笑着迎接我们!老师说:'他们这些老人,有的是退休干部、退休老师、退休工人、退伍军人,还有的是一辈子辛勤劳动的农民!他们年轻时曾在不同的工作岗位上为国家做出贡献,现在年纪大了,干不动了,我们要尊敬他们、关爱他们,让他们安度晚年,为他们做力所能及的事情。'

我们立刻忙碌起来:有的帮老爷爷、老奶奶倒瓜果皮和垃圾;有的给老爷爷、老奶奶端水;有的给老爷爷、老奶奶洗毛巾;还有的清理院中的杂草……忙碌了一上午,老爷爷、老奶奶高兴得合不拢嘴。他们不停地向我们道谢,还夸我们是好孩子呢!

虽然有点累,但心里甜蜜蜜的!最后,我们合唱了一首《歌声与微笑》献给老爷爷、老奶奶。回家的路上,我和同学们都很开心。觉得自己为老人做了一点力所能及的事。关爱老人,从我做起;文明和谐,人人有责。"

小举动,大收获。公益的种子就这样在学生心中悄然发芽、滋长。

(四) 一些重要节日课程

1. 雷锋日:让雷锋精神永放光芒

想起雷锋就会想到"助人为乐,乐于助人"。"雷锋"是好人的代名词。如何让学生了解雷锋,将雷锋精神内化为自觉的行动,成为他们做人做事的指南? 每年我会利用 3 月 5 日"雷锋活动日"这个契机,开展"让雷锋精神伴我成长"的系列活动。

1)走近雷锋

(1)让学生搜集雷锋的故事、名言、歌曲,然后交流

通过讲故事、背名言、写读后感,学唱《学习雷锋好榜样》,让学生初步了解雷锋其人其事其精神,认识雷锋。

(2)"我是雷锋",每天至少做一件好事

每天做一件好事,为父母、老师、同学、其他人,并以日记的形式将其记录下来。

(3)开展"互助"活动

(4)召开"学习雷锋精神,做文明少年"主题班队活动

让学生明白对待学习要像夏天一样火热,有一种钉子精神;对待自私自利者要像秋风扫落叶一样无情;对待坏人坏事要像严冬一样残酷无情;要明辨是非,扬善抑恶;要向不文明说"再见"。告别不文明语言,告别不文明行为,告别不文明习惯。

(5)评选"学雷锋标兵""学雷锋小组"

每个人做好学雷锋的总结。

2)"雷锋"伴我行

以小组为单位,结合文明礼仪和行为习惯等养成教育,对如何"讲文明、树新风,让雷锋精神发扬光大"进行了讨论和交流。

通过开展学雷锋活动,雷锋精神就像和煦的春风拂过学生们稚嫩的心灵,播下了乐于助人的种子,他们的精神面貌焕然一新。班里的"小雷锋"越来越多,助人为乐的事多了,"事不关己,高高挂起"的人少了;相互关心的人多了,

同学间的隔阂少了,班级更加和谐了。班容、班风发生了很大的改变。

2. 国庆节:我自豪,我是中国人

国强则民安,民安则天下和谐。为了让学生进一步了解祖国的发展,了解中华民族从站起来到富起来到强起来的奋斗史、光荣史,我抓住国庆节这个节点,用嵌入式开展爱国主义教育,以学生乐于接受、喜闻乐见的形式让学生"学史明理、学史增信、学史崇德、学史力行"。国庆节这天,学校每年都会举办隆重的庆祝活动,我班除了参加学校的活动外,每年还会安排学生观看以下内容。

1)阅兵式

强国必先强兵。阅兵是国庆大典的一项重要内容。通过观看阅兵式,了解我国的发展历史,增强民族自豪感。

2)电影

通过观看《开国大典》《建国大业》《建党大业》《建军大业》《八佰》《战狼》《我和我的祖国》等电影,把红色传统、红色记忆、红色基因根植于学生心中,引导学生听党话、跟党走,争做时代新人。

3. 国家公祭日:铭记历史,勿忘国耻

"一九三七,祸从天降,一二一三,古城沦丧。"南京大屠杀惨案,是日本帝国主义侵华战争期间犯下的滔天罪行,是中华民族的深重灾难。12 月 13 日是国家公祭日,这是一个不能忘却的日子。30 万,8 年,3 500 万⋯⋯这些数字,告诉我们:南京大屠杀是一场人类的浩劫;中国军民用血肉筑起了新的长城;它是提醒、是警策,也是一种对和平的期盼。它是一次庄严的纪念,也是一次记忆的唤醒。当国旗再次为遇难同胞而半垂,这是一个国家以最高的礼仪祭奠哀悼同胞,昭示的是勇毅前行的奋发之志。无论身在何处,无论过去多少年,每一个中国人都应该牢记。为了让学生了解这段历史,通过观看电影《南京 南京》的方式让学生走进那段历史,了解日本侵略者的罪行,激发为中华民族复兴而努力学习的斗志。

第五章
悦读课程的构建与实施

　　苏霍姆林斯基说:"无限相信书籍的力量。"书籍有一张神奇的力量,班主任要通过班级阅读这片沃土给学生种下一颗爱读书的种子,让学生成为一个自觉的、独立的、热诚的终身阅读者。读书对每个人来说都意义非凡。无论从眼前的语文学习还是今后的终身发展,成为学习型的人是适应未来社会的必然趋势。从这个意义上来说,建设书香班级,培养学生的阅读兴趣和良好的阅读习惯,让学生读好书、好读书、会读书,是班主任的一种责任。无论班级有什么特色,教室里都应该有一种味道——书香味儿。这才是特色班级的标配之一。而这种味道的形成,源于班主任、学生、家长的共同营造。

　　"书,犹如装在衣袋里,随身携带的花园。"读书的名言有很多,我独爱此句。对我而言,读书是最好的休闲方式。阅读如览胜:日月之绮丽,山川之俊美,林木之神秀,尽收眼底;阅读如逢故知:有"遇见你,刚刚好"的欣喜,有千般娇宠小鸟依人的可心,有"只因为多看了一眼,再也无法忘记"的牵绊,更有造物无言,寒尽春生的惊叹……浸润书香,任灵魂起舞,任生命蓬勃,时光在此拉长,快乐猎猎飞扬。书中日月长,其中况味,非躬读不能体味也。

　　班级悦读课程就是围绕班级文化建设开展的阅读课程,它以儿童生命成长为原点,站在儿童的视角构建和实施课程。该课程注重关照儿童生长的秘密,充分挖掘不同书籍的特定元素和多元价值,并与儿童生命成长建立丰富的关联,将儿童的发展放在中心位置。它不是语文课,是与语文等国家基础课程性学科既有着高度的相关性，又是自给自足的，是班主任班级工作中不可或缺的课程内容。当儿童遇上阅读，当阅读成为课程，阅读就拥有了丰富的面貌形态。

一、班主任是班级第一读书人

晨光和着风的软／细雨点滴在花前／牵着你的手／柔柔地／相约于书香袅袅里／日子行云般滑落／我把梦想／照进了你的童年／静静地／守候／那一树一树／沸沸扬扬的花开／沧海明月的倒影里／闪着／你我的嫣然……

阅读改变气质，书籍奠基未来。班主任是班级的第一读书人。

1. 自己要成为一个爱读书的人

问渠哪得清如许，为有源头活水来。班主任是一个很专业的岗位。读书，可以让班主任的知识储备丰厚起来、思想鲜活起来，是班主任专业成长的助推器。不仅要把知识的种子埋在学生的心田，还要为他们开凿一条思想的泉水，叮叮咚咚地奏出智慧的音符。没有这样的储备，教育的人生就会出现短板，读书便是帮助我们减少缺憾的最佳助手。

班主任应常读以下四类书：一类是教育学、心理学、管理学之类的书籍，这些书籍可以帮助我们提高育人能力和管理水平；一类是学科类的书籍，这类书籍可以帮助我们提高学科专业素养；一类是文学、哲学类书籍，这些书籍可以帮助我们提高人文素养，修身养性，涵养情怀；一类是儿童阅读的书籍，这些书籍是引导学生读书引领的抓手，是和学生拥有共同话语的桥梁。当我们带着满身的书香走进教室时，学生被熏染了；当我们带着满身的书香走进校园时，浓浓的文化味儿便会从校园的每一个角落散发出来，书香袅袅，诗意汤汤……花开烂漫，书香醉人，当读书如吃饭睡觉般融入我们的生活中，我们生命的亮度、宽度和高度就会达到一种全新的境界。只有大量阅读、广泛阅读，班主任才能拥有深厚的学养、扎实的学识，才能有底气、有尊严地站在学生面前，游刃有余、从容不迫地驾驭班级管理工作。

以下为学生眼中的我。

爱书的老师

魏科强

我们班主任——陈老师，就像一个神奇的魔术师，在不同的地方、不同的时间变身为各种内容丰富、色彩斑斓的书，这些书让我们越读越爱读，越读班级越和谐。

上课的时候，陈老师像一本《十万个为什么》，随时回答我们的奇思幻想。一次，一位同学出了一个谜语："一手拿针，一手拿线，打一成语。"全班顿时沸腾起来了，一个个答案接二连三地蹦出来："天衣无缝。""错！""穿针引线。""错！"几个同学都败下阵来。有的急得冒汗，有的抓耳挠腮，还有的坐立不安……

最后大家把目光聚焦到"救星"陈老师的身上。只见她聪慧的眼睛一转，平静地开口了："一手拿针，一手拿线，就是想穿线，所以是望眼欲穿。""完全正确！"那位同学竖起大拇指。

有时候，陈老师又像一本《幽默大全》，她用风趣、幽默的语言把我们逗得哈哈大笑。有一次，一个同学在上课时咬手指，就被陈老师的"火眼金睛"发现了。但她没有批评他，幽默地说："现在我们班上有同学吃薯条，吃得可香了。"我们感觉莫名其妙，随着陈老师的目光看去，只见那位同学在津津有味地咬手指，我们恍然大悟，同学们哈哈大笑，那位同学满脸通红，从此，他再也没有咬过手指了。

老师是书，老师是友，我们师生间没有距离，共同生活在一个温暖、和谐的班级里。

2. 帮助学生营造浓郁的读书环境

此项内容，在教室环境文化一节中已提到，在此不再赘述。

3. 给学生推荐适合的阅读书目

读书是润心工程。让学生与美好的书籍相遇，让课程滋润并丰盈学生的生命，班主任要给学生推荐合适的书籍，引导学生有目的地读书。学生每个阶段的成长，都需要有不同的实际和阅读方式作为支撑。语文学科读书和班级读书有所不同。语文学科的读书侧重人文性和工具性的统一，而班级读书更侧重人文性。所以在选择书籍时,要做到四个结合:与班级管理相结合,与班级文化相结合,与学生的认知和心理发展特点相结合,与学科教学相结合。在书籍类型的选择上要侧重多样性和趣味性,如古今中外的绘本、童话、童诗童谣、文学类、传记类、科幻类等图书;内容要兼顾经典型、序列性、实效性与适用性,让好书与学生同行,伴学生成长。根据年段特点,保持阅读的连续性。当然,阅读书目不是固定不变的,可根据需要增删裨补。

推荐的书籍来源:一部分自己购买;一部分是班级图书"漂流",即让学生把自己家里的书带来,然后在班里进行图书交换;一部分从学校图书室借阅。

班级图书"漂流"有统一管理。班级书橱的命名为"悦读馆",寓意为快乐阅读的地方。

第一,把学生带来的书统一登记,列出班级图书清单:书名、价格、书籍主人,统计好后,分门别类地放在班级书橱中。

第二,选两名爱读书、责任心强的学生当图书管理员,负责班级图书借阅工作。

第三,为了方便借阅和图书管理,设计借书卡。

```
┌─────────────────────────────────────────┐
│              悦  读  馆                   │
│                                           │
│   书的作者:                               │
│                                           │
│     书名:                                 │
│                                           │
│    藏书者:                                │
│                                           │
└─────────────────────────────────────────┘
```

图 5.1 借书卡正面

```
┌─────────────────────────────────────────┐
│              悦  读  馆                   │
│   借阅者:                                 │
│   借出日期:                               │
│   归还日期:                               │
│   借阅者签名:                             │
│   图书所有者签名:                         │
└─────────────────────────────────────────┘
```

图 5.2 借书卡背面

第四,按照卡片样式,全班同学自制书名卡片。

第五,填写借书卡正面,把藏书的名字按序号写好。每人至少带三本图书。写完后交给图书管理员。

第六,图书管理员按照藏书作者姓氏的第一个字母在字母表中的次序排列卡片,然后放在书卡箱里。这里有两个书卡箱:一个是借出卡箱,一个是归还卡箱。这样便于图书管理员管理。

第七,借阅时间:一般是每天大课间或中午。阅读时间以一周为宜。

第八,图书评选。月末,通过借书卡,评选"月度最受喜欢的书""班级十大好书榜""读书最多者"。

二、主题阅读,助力班级管理

围绕班级文化,根据年级特点,引领学生进行主题阅读。可分为规则、责任、爱心、梦想、奋斗、毅力、创新等主题,通过师生共读、生生共读、亲子共读等形式,推进班级阅读活动。

钱伯斯认为,儿童是阅读的主体。有经验的成人可以通过环境与活动的整合,帮助儿童亲近图书;也可以设计、组织阅读讨论活动,帮助儿童领会一本书的各个层面的含义,从而进行广泛、深入的阅读。

班主任作为有协助能力的大人,要带领全班一起读书。开学初,定好一学期的共读书目:师生共读书目四本,每天分量布置,班级图书"漂流"书目四本,小组内布置;个性化阅读寒假一本,暑假两本,要借助阅读单。班级共读书目与小组"漂流"书目共同进行。师生共读的书目一般三周内读完,小组"漂流"的书,两周一换。讨论是阅读活动的核心,通过交流,提升高阶思维,通过共读,深化阅读体悟。每本共读的书都应做到有交流、有讨论,让学生站在阅读的中央。

1. 课程保障

采用弹性课时,以自主、开放、互动、发展为基本原则,实现阅读日常化。

2. 课前五分钟

课前五分钟交流是按照座次轮流分享,每天一人,如表 5.1 所示。有主持人,有生生互评,师生互评。

"文学是比鸟飞得还远的梦想,比花开的还美的情感,比星闪还亮的智慧,让我们一同走进《＿＿＿》'同读名著,共享快乐',现在开始。今天为我们带来快乐的是(＿＿＿＿)同学,大家鼓掌欢迎。"这是我班课前共读活动的开场白。

表 5.1　班级课前共读活动安排表

时间	星期	共读书籍		具体内容	分享者	主持人
第一周	一					
	二					
	三					
	四					
	五					

3. 每周一节阅读课

通过开展班级读书会,推动生生共读。

4. 午读 20 分钟

个人自由阅读。

5. 晚上 30 分

低年级主要是亲子共读;中高年级是自由阅读。

6. 假期阅读时间

寒暑假,做好阅读记录,如表 5.2 所示。利用班级微信群推荐阅读书目,晒阅读感言,分享阅读收获,保持假期读书不中断。

表 5.2　"我与爸妈同读书"记录表

时间	必读书目	阅读记录		选读书目	阅读记录	
		学生姓名	家长姓名		学生姓名	家长姓名

7. 班级建立读书社团

家长任组长，班主任加入每个小群，不时互动、点评。

8. 听读

学校光影阅读超市、凯叔讲故事等电子阅读 App。

9. 生生共读，同伴促进

读书社团之间赛读，录制音频，发语音，教师、家长、学生点评。小组循环共读（接力共读）。建立共读本，扉页上写书社名、成员名字、读书口号，适当插图；第一页，走进《_____》。低年级读写绘，中高年级主要是摘录式和感悟式。

10. 建立书香档案袋

每个学生都有自己的书香档案袋，里面有日常阅读单、读书海报、读书卡、藏书单、借阅记录等，是对自己读书情况的收集，同时，是展示、分享的工具。每月举行一次书香整理交流会。先让学生介绍自己的档案袋，接着同伴交换看，然后介绍自己的藏书，并向伙伴们介绍自己最喜欢的书。这一展示，不仅促进了学生读书，也推进了班级读书。

好书如一颗种子，能收到润物无声的效果。通过阅读，开启智慧，丰富心灵，获得文学的滋养、美学的熏陶和哲学的启蒙，从而提升综合素质。

例如，《大卫，不可以》《大为上学去》给学生播下了一颗规则的种子，明白了规则的重要性，在课堂上坐不住的时候，告诉自己：这是上课，不可以乱动，要遵守规则。《一条聪明的鱼》给学生播下了一颗梦想的种子，明白了"一个改变世界的想法"的含义，感受到梦想的力量，懂得了聪明就是"有梦想、会思考、能创造、敢实践"。《犟龟》给学生播下了一颗坚持不懈的种子，它告诉学生"上了路，就天天走，总会遇见隆重的庆典"。《你不知道未来有多好》给学生播下了一颗梦想的种子，让学生对未来充满期待和希望。《我们的友谊刚刚好》给学生播下了一颗友爱的种子，它为学生之间的交往上了生动的一课，真诚、宽容、付出、感恩等才能收获真正的友情。《窗边的小豆豆》给学生播下了一颗安全的种子，洛基不见了，泰明死了，让学生认识到，死亡是生命教育的一部分，是每个人必须面对的话题。交通安全、防溺水安全、防欺凌安全、饮食安全等安全教育，每一样都不能掉以轻心。所以，要珍爱生命，平安每一天。《和时间赛跑》给学生播下了一颗勇敢的种子……

爱读书的学生最美。这是我常说一句话。即使在假期，我们也不能中断读书。

我的暑假这样过

李鼎铉

一想到愉快的暑假马上就要来了，我的心里甭提有多高兴了，因为一场阅读盛宴又要开始了！平时，我特别喜欢读书，但是晚上因为还要写许多作业，所以阅读时间严重缩水，每次读书总不能尽兴，只有在暑假时才有充足的时间读书。那时，我就像一条欢快的小鱼，自由自在地徜徉在书海中，尽情地吮吸着智慧的甘霖。为了迎接这场阅读盛宴，从学校举行书香节开始，我就"厉兵秣马"，通过各种途径贮存暑假自己打算阅读的书目。有网上买的，也有周末逛书店时发现的，还有转学时老师和好友们送的，加起来有好多书在等着我读呢。

我把这些要读的书进行了分类。一是历史类。读史可以使人明智。爸爸告诉我读史可以让我有一双能够洞悉事物本原的眼睛，我每次读到一些历史人物、故事、典故的时候都会和爸爸讨论。这个暑假我想读《半小时漫画中国史》《写给儿童的中国历史》《中国历史故事集》这三套书。二是文学和哲学类。美丽的辞藻可以陶冶我们的心灵。暑假我想把《跟着地图学成语》《跟着地图学古诗》《小学生散文一百篇》《小学生小古文一百课》《中国诗词大会》这五套书读一遍。爸爸建议我先看看《中国古代哲学史》第一卷。他说，要想系统把握中国古代传统文化，这套书能助我提高阅读效率。三是军事类。离开军营大院后，我迷上了军事系列图书。《会飞的军校》和《特种兵学校》让我看到了许多以前在军营没能了解的细节，爸爸被我问烦了，直接把《海军武器大百科》《单兵武器大百科》买了回来，要求我"求甚解"，我深以为然。四是传记、小说类。传记类书籍对一个人的成长非常有意义。爸爸一直鼓励我多读名人传记，并且告诉我读传记时要有一种代入感，因为这是一种跨越时空的对话。这个暑假我打算读六位伟人的传记。小说可以带给人无限的想象空间。我刚开始读《玄奘西游记》《常青藤国际大奖小说系列》，打算利用暑假读完。五是与文化课有关的。主要是这些年我一直坚持学习的关于英语和奥数等方面的书籍。这个假期我要把三年级奥数《举一反三》和英语的《海尼曼英语绘本》学完。

当然,其他假期作业我也会保质保量地完成。

每年暑假计划,我都会把阅读列为最重要的一项。对我而言,阅读不是作业,是爱好,是习惯。每天早上起床后,我都会在床头或沙发边或书桌前读我感兴趣的书。上午如果没有小朋友来找我出去玩,我便会在家读书。妈妈不会限制我阅读的内容,我喜欢读什么就读什么。品读着、交流着、摘录着,整个暑假因阅读而意义非凡!

暑假真让人充满憧憬,好期待……

乐在书中

高嘉妮

"放假了……"在欢呼声中,又一个暑假拉开了序幕。

放下书包,带上熟悉的读书卡,乘上公交车,我匆匆忙忙地赶到熟悉的书店,迎着管理员那熟悉的笑脸,来到老地方,如饥饿的人扑在面包上,在书海中我迫不及待地畅游起来。

先骤雨般快速地浏览,如一棵小树苗贪婪地吮吸着书中的营养。一本书就是一个丰富的世界。再精挑细读,慢慢体味感人至深之处。我佩服夏洛蒂,她用钢铁般的意志,敲开了文学圣殿的大门,硬是用汗水和心血,把"小草"浇灌成了"大树"。我崇拜霍金,他被禁锢在轮椅上40年,但不屈服于命运,书写了人生的传奇;他不断求索的科学精神和勇敢顽强的人格力量深深地震撼着一代又一代人。我感动于夏洛的无私,她用生命谱写了一曲伟大的爱之歌;我喜欢漫步诗林,惊叹于唐诗宋词的美妙绝伦,吟着贺知章的"不知细叶谁裁出,二月春风似剪刀"时,那清脆的柳笛声在耳边响起,吟着"儿童散学归来早,忙趁东风放纸鸢"时,满天的风筝在白云间飘荡,心儿早就飞上了天;吟着"慈母手中线,游子身上衣"时,不由想起了天下妈妈的辛苦、天下孩子的幸福;吟着"少年不识愁滋味"时,自己心头的那些小烦恼也跟着跑出来凑热闹了,谁说小孩没烦恼呢……我为义薄云天的刘关张拍手称绝,为丑小鸭变成白天鹅高兴,为爱穿新装的那个皇帝感到可笑……

读书真好!

走出书店时,我发现自己的智慧背囊里又多了一些果实……

《夏洛的网》给学生播下了一颗奉献的种子,让学生明白生命意义,不仅为自己活着,还要为他人开一朵花。他们对幸福有了自己的认知。

幸　福

刘　宇

祝你幸福!

花儿的幸福,在于以鲜艳的色彩点缀大地,以芬芳愉悦我们的心情。所以,花在风中跳舞。

蝴蝶的幸福,在于为花朵传播花粉,结出果实,给人们带来丰收的喜悦。所以,蝴蝶在花丛中穿梭。

我的幸福,在于为班级做贡献,帮老师处理班务,帮同学解除烦恼。所以,我在忙碌中微笑。

幸福,不在于获得了多少,而在于付出了多少。付出,方使心灵充实而美好!

像卡隆一样尽职尽责
——今天我当值日班长

赵家琪

《爱的教育》中,我最喜欢的人物是卡隆。他很有担当,对班级特别有责任心,他一直是我的榜样。

一个岗位,一份责任。今天轮到我当值日班长了!

我当过组长、科代表、卫生委员,大大小小的职务还真不少,但没当过值日班长,心里总有点遗憾。现在这个愿望终于实现了!为了锻炼我们的能力,让每个同学都成为班级的小主人,陈老师实行了一日班长制。同学们都很期待,都想一显身手。

今天,我起了个大早。吃完早饭,我迎着太阳灿烂的笑容,呼吸着清新的空气,兴冲冲地到来到学校。今天我当班长,不知感觉如何?

一上午，我像个警察似的，到处巡视，班内卫生、小书吧、课间秩序……谢天谢地！班内还算太平。不过，课间操时发生了段"插曲"。

课间操时我带队，从集合到下楼梯都很好；可从大厅到操场这一段路，纪律还算凑合，大部分同学都规规矩矩、秩序井然地走向操场，但总有那么一两个同学叽叽喳喳地说话，真想教训教训他们！前几天的班长都当得顺风顺水，到我这里，他们怎么这么不给力！我的心里难免对他们有点不满。我一边做操，一边想着怎么处理这件事。老师说过，谁当班长谁当家，遇到问题一定要自己想办法解决，实在解决不了，再交给老师处理。老师嗓子不太好，不能多说话，这点事先不麻烦老师，我自己先试试，如果他们不听我的，我再把他交给老师。正想着，课间操结束了。做完操后，我学着老师的样子，找了那两个同学单独谈话。经过我的一番"教育"，这两个兄弟知错认错了，并保证以后管住自己的嘴，不乱说话了。很顺利，这件事就这么搞定了。"看来，我还有点'小本事'"，不禁暗暗自夸起来。

中午放学送路队时，走到餐厅那边，我本想回餐厅吃饭，但又犹豫了一下，想着今天我是班长——老师代理。老师每天都要把我们送到大门口，我也应该这样。尽管老师没强调让班长负责送路队，但我觉得还是把好事做到底比较好。想到这里，我急忙赶上去，看到同学们都安全地过了路口，看到他们都拐过弯去了，我远远地望着，直到他们变成一个个小黑点……我不由地笑了，然后转身往回走，看见老师在篮球架下向我招手、微笑。原来老师在"跟踪"我、考察我！我飞奔过去，和老师一起回餐厅吃饭。

老师说我是开学以来最优秀的班长！其实，我只是做了一个班长应该做的，履行我的职责而已。老师的表扬让我有点不好意思。

下午，我密切注意班里的动向。谢天谢地！一切都很好。整好队，进行完一分钟安全教育，我率领同学们高高兴兴地回家……

今天好累！当班长真不容易！我终于体会到老师平时是多么辛苦了。老师天天为我们服务，而我只干了一天。以后我要多为老师做点事，减轻老师的负担。如果有机会再当班长，我想我会做得更好！

《鲁滨孙漂流记》给学生播下一颗独立的种子，明白了：唯有独立，才会强大，才能生存，才能生活得更好。

鲁滨孙,给了我一双隐形的翅膀

陈红晓

斗转星移,晨昏交错,金色的年华在如歌的岁月里逝去。每次轻抚记忆的琴弦,便会不由自主地想起你——《鲁滨孙漂流记》。

虽然人的生存受环境约束,但我们要做环境的主人;虽然生活少不了坎坷,但我们不能迷失生活的方向。是你教我学会了生存,学会了独立,更学会了坚强!

这是一个富有传奇色彩的故事:在南美洲,一艘船发生了触礁,只有鲁滨孙活了下来并在这片岛屿上生活了28年,最后终于凭着自己的聪明机智和坚强的毅力回到了家乡。在现实生活中,这一切都仿佛是天方夜谭,但是看起来不可能的一切,都发生在《鲁滨孙漂流记》中的主人公鲁滨孙身上了。

坚强不屈的鲁滨孙靠自己的力量和一些工具,种起了麦谷;为了挖几个地窖以备贮存淡水,他又辛辛苦苦地干了几个月;为了做一口煮汤的锅,他绞尽脑汁,失败了无数次,最终取得了成功……

这一切困难,都被鲁滨孙坚忍不拔、永不放弃的精神征服了。在这个孤岛上,鲁滨孙亲手制的每一样东西都凝聚着他的心血,他也会因为每一个小小的成功而万分高兴。每当我看到这些片段,我的眼泪总是情不自禁地落下来,是感动,是佩服,也是震撼!

今天,我们就像生活在温室里的花朵,偶尔有点风吹雨打就悲观失望,一蹶不振。如果我们像鲁滨孙一样,在逆境面前毫不退缩,有他那种不畏困难的精神以及在绝境中努力求生的信念,我们还有什么事情不能成功吗?又有什么困难能把我们打倒呢?

记得那天早上,爸妈临时有事,让我独自乘公交车去上学,但我怕遇到坏人。因为这是我第一次独自乘车,所以害怕极了。我左思右想,不知所措。时间在一分一秒地走着,我的心依旧是"肥猪走独木桥——左摆右晃"。这时,我的脑海里断断续续地闪过一些片段,想起了鲁滨孙在荒岛上艰难地度过了28年……难道我连小小的困难都克服不了吗?此时,我的全身充满了力量,飞奔到车站。看见要坐的车来了,我被潮水般的人流拥上了车,紧挨着车门,我的心如释重负。随着车子的移动,我的身体也摇摇晃晃的,像在荡秋千似,但我一想起鲁滨孙,我便双手使劲扶住栏杆,尽量不让自己摔倒。过了一会儿,终于到了学校,我下了车,心里表扬着自己,同时,对鲁滨孙充满了感激。

书,是我形影不离的老朋友,是我成长路上的小助手!

《假如给我三天光明》播下了一颗自强不息的种子,让我明白了要把握生命里的每一分钟,全力以赴,实现心中的梦……

像海伦·凯勒一样坚强

周 凡

世界名人榜中,我最崇拜的人非海伦·凯勒莫属了。当然,这得感谢一本书——《假如给我三天光明》。

记得刚看这本书时,觉得它没有《鲁滨孙漂流记》和《汤姆索亚历险记》那么生动有趣,但后来读进去了,我的心被海伦·凯勒的命运所牵引。海伦的一生充满了传奇色彩。她在一岁半时突患急性脑充血病,成了聋哑人。虽然身处逆境,但她学会了说话、写字,并以优异的成绩毕业于美国著名的哈佛大学。她希望有某种奇迹发生,让她能够有三天的时间重获光明,然后,再回到那个无止境的黑暗里去。命运真是太残酷了!可就是在这样的逆境中,海伦创作了14部著作!在一个无光无声的寂静世界里,海伦靠着她那顽强的意志登上了人生的高峰,呈现给人们一个阳光灿烂的世界!我被深深地震撼了!

她真诚地告诫我们:"善用你的眼睛吧,就仿佛明天你将遭遇失明的灾难。这同样适用于人类的其他器官。用你的耳朵细细聆听乐曲的妙音、鸟儿的歌唱、管弦乐队的铿锵有力的旋律吧,就仿佛明天你将遭遇耳聋的噩运。抚摸每一件你想要抚摸的物件吧,就仿佛明天你的触觉将会衰退。闻闻所有鲜花的芳香,品尝每一口佳肴吧,就仿佛明天你再也不能嗅觉和品尝。"当我读到这里时,我的心像被针刺了一般。我是健康的,有明亮的双眼、灵活的双手、灵敏的耳朵……然而,每当我遇到困难的时候,我仿佛变成了一个最渺小的人。记得有一次,老师让我们做数学题,这道题真难啊!回到家写了几道简单的题,可是一看到那些难题,我就皱起了眉头,这也太难了吧,冥思苦想了大半天也没做出来。于是,我想:"这么难的题其他同学一定也不会写,干脆我也不写了。"后果可想而知,因为没写完数学作业,我被老师批评了一顿。如果当时我能动动脑筋,就不会像今天这么惨了,现在想起来真后悔呀!记得当时我一直瞅着地面,真想找个地缝钻进去。

自从读了《假如给我三天光明》,我变坚强了,不畏惧困难了。人生不是一帆风顺的,无论何时、何地,我都会像海伦那样不向命运低头,坚韧、乐观,做一个强者!

三、借力光影,助力班级管理

现在进入信息时代,新技术已走进我们的教室。

为了激发学生的阅读兴趣,学校建了 3D 影院,每个班定时根据需要去观影。"不用去电影院就可以看 3D 电影,三里河小学就是棒。"家长们赞不绝口。另外,学校利用晓黑板和钉钉、学校网站、知阅书房、小鹅通等平台推送电影,拓展了阅读空间;建立了数字化阅读系统;创建了光影悦读超市;建立了三里河小学网校。该网校分为红色阅读、影视资源、电子图书、音频资源、新教育、名师优课、双师课堂、规范书写八个版块,内容丰富。这是一个巨大的教育资源库,为我们的阅读提供了便利。将纸质阅读与电子阅读、视频阅读结合起来,每周末通过晓黑板和钉钉推荐经典影片,带给学生不一样的阅读体验。学生可以随时随地登录网站进行阅读、观看、浏览。我们班每个月会组织师生共看一部电影:《草房子》《夏洛的网》《小鹿斑比》《野兽国》《小鬼当家》《狮子王》《欢乐糖果屋》《音乐之声》《爱的教育》《绿野仙踪》《童年》《小鞋子》《小英雄雨来》《地道战》《地雷战》《鸡毛信》《闪闪的红星》《长征》《狼牙山五壮士》《开国大典》《火烧圆明园》等。

四、亲子共读,形成阅读合力

阅读永远是现在进行时。我对家长说:"也许您认为阅读只是过去学生时代的事儿,也许您以为这只是学校教师的事儿,也许您整日忙于工作,而无暇顾及孩子的学习与成长,也许您苦恼于自己的好心被孩子当了'驴肝肺',干脆听之任之,半途而废……于是,阅读渐渐淡出我们的视线,孩子的阅读仍处在归零状态。"

读书改变生活,知识影响未来。由于电子媒体的冲击,如今越来越多的人崇尚快餐式读书,推广纸质阅读显得特别迫切与重要。现在班里能真正静下心来看书的学生并不多,令人担忧。在孩子读书习惯尚未养成时,除了老师引领阅读之外,更需要家长的助读。父母是孩子塑造自我的镜子。家长持之以恒的陪读,无疑会潜移默化地影响孩子。苏霍姆林斯基说:"我们认为家长的教育修养的一个重要标志,就是书籍在他们的生活里占有何种地位。如果家长热爱和尊重书籍,儿童也就会热爱它们。"

家庭是孩子成长的摇篮,家长不仅是孩子的衣食父母,更是孩子的教育之师,而且是终身的老师。没有人天生优秀,要想成为优秀的家长,就需要不断地学习、修行。每个孩子都是一本变化的书。家长首先要读懂孩子。孩子在成长,天天都有新变化,年年都有新发展,从童年到少年,从少年到青年……也许今天读懂了,但明天未必能读懂。我想,阅读应该是每个家长一辈子的功课,这样,家长才能跟上孩子成长的步伐。

家长朋友们,孩子阅读习惯的养成与阅读能力的提高不是朝夕之功,阅读永远是现在进行时。为了孩子,愿我们共同将阅读进行到底!

为了带动家长读书,我编写了班本课程《优秀的家长是读出来的》。

他山之石,可以攻玉。通过不同阅读渠道,我收集了一些有关家庭教育的文章,经过精心遴选,编辑成册,与家长们共享。此书雅俗共赏,既有情节引人入胜的小说,又有通俗易懂的平实随笔,散发着智慧的芳香,向家长传递着满满的正能量,相信每一个家长可于静静阅读中涵养自己的文化情怀,领悟家教之道,找寻育子之方。

如何引导家长开展亲子共读?通过家长会举行读书专题讲座,指导家长开展亲子共读。

读给孩子听或孩子读给家长听。交谈是词汇生长的花园。最好的爱是大声为孩子读书。阅读越早开始,做起来越容易,效果越好。松居直在《幸福的种子》中写道:"念书给孩子听,就好像和孩子手牵手到故事国去旅行,共同分享一个充满温暖语言的快乐时光;而亲子之间交换的语言,是一个家庭最大的财富。"亲子阅读就是与孩子分享阅读的快乐,一起翻看图书,用流畅的富有表现力的和充满热情的方式为孩子大声读。告诉孩子:你读得越多,知道得越多;你知道得越多,你就越聪明。这本书不是教孩子"如何"阅读,而是教孩子"渴望"阅读。诚如一句教育格言所说:"我们教孩子去热爱与渴望,远比我们教孩子去做重要得多。你或许拥有无限的财富,一箱箱的珠宝与一柜柜的黄金。但你永远不会比我富有——我有一位读书给我听的妈妈。"

给家长提供可操作的读书方法:亲子共读六步法。

步骤一:欣赏图书封面。

读读书的名字,猜猜它会写些什么? 认识作者(作者是谁;哪个国家的;翻译的作者是谁;找找书的封底有没有作家的介绍或照片)和出版社的名字。

步骤二:朗读故事。

在朗读的时候,要能用生动的语气、流畅的朗读吸引孩子。如果能在需要强调的地方加上表情和动作就更好了。在适当的地方要停一停,让孩子猜猜后面会发生什么? 并请孩子说听懂了什么以及自己的理解。

步骤三:讨论交流。

读完一章后,要给孩子留一点时间回味故事,然后可以追问一下故事情节中的关键部分,看看孩子是否认真听了,是否真的听懂了。比如,事情是怎样发生的? 原因是什么? 最后怎么样了?

步骤四:后续部分活动。

读完一本书或者一个完整的章节后,可以让孩子用自己的话完整地讲这个故事,给他开个故事会,让他讲给家庭成员听,他一定会更开心;也可以和孩子一起读一读其中重要的对话或者优美的段落,并为自己喜欢的段落配插图。

步骤五:自主阅读。

有时间的话,应让孩子独立阅读一遍,鼓励孩子用眼睛来感受文字的乐趣。

步骤六:讲一讲、演一演、画一画。

书香润泽童年,打好成长的底色,在孩子心中根植一棵阅读之树,做精神的大富翁。

以下为开展亲子共读的感受。

亲子共读开始啦

李嘉伟

今天老师布置了一个特殊的作业,让我们回家读一篇文章,念给爸爸妈妈听,然后爸爸妈妈再念给我们听,我们互相学习。真新鲜,还有这样的作业!

一回到家,我就迫不及待地拿出亚米契斯的《爱的教育》读了起来,我读的是《热爱祖国》这篇故事。读完后,我找了一个精彩的片段读给妈妈听:"爱国是一种高尚而神圣的情感!将来,你也许会为国出征,到时候,作为你的父亲,我希望你平安归来。但是,如果你因为贪生怕死而做了卑鄙的事情,那么我将不再欢迎你,而且还会以你为耻,和你断绝父子关系。我将为你感到伤心,心中永远充满痛苦!"我读完了,妈妈说我读得很流利,口齿也很清楚,但是没有感情,而且把"鄙"这个字读错了,应该读"bǐ"而非"bì"。于是,我把读错的字标上拼音,又读了一遍,注意标点的停顿,富有感情。妈妈点点头,说这次读得很好,然后她又读了一遍给我听,妈妈读的富有感情,口齿清楚,而且也没有错字,下次我也要做到像妈妈一样!

特别的节日

刘娜娜

今天是清明节,在这个特殊的日子里,我做着一件特别的事情,哈哈,那就是我们的独班妙计——亲子共读。

中午吃过午饭,我和爸爸坐在院子里,沐浴着温暖的阳光,和煦的风儿抚摸着我的脸。我正读着海伦·凯勒的自传《假如给我三天光明》。啊,春日里读书,真是件美好的事情!当读到《亲近大自然》的第二自然段时,我禁不住停下来。"老爸,您看这句:'我懂得了是阳光雨露让大地长出了这些树木,既能使人赏心悦目,又能供人果腹充饥;我懂得了鸟儿如何建巢、如何生活、如何随季节的变化而长途迁移;懂得了松鼠、鹿、狮子等各种各样的动物如何觅食、如何栖息。'他用了排比的句式,巧妙地写出海伦心中的世界。""是呀,你以后写作文时,在适当的地方也要用上几个排比句,这样能让作文更有气势。"说罢,老爸提议我们比一比。"比就比"我不甘示弱地说。我和老爸各自忙活起来。只见老爸奋笔疾书,龙飞凤舞,一会儿就写完了。"快点,宝贝女儿!"老爸催促道。"好了,马上搞定。"我先读:"我爱妈妈的笑,妈妈的笑常给我信心;妈妈的笑常给我安慰;妈妈的笑常给我勇气。妈妈的笑像和煦的阳光,温暖我那幼小的心。"不错",接着老爸绘声绘色地读他的大作:"秋天迷人,是因为那五彩的果园,苹果、梨儿、山楂,像是举行一场热闹的盛会;秋天迷人,是因为那多姿的公园,红的、白的、黄的,像是在举行选美比赛;秋天迷人,是因为那成熟的庄稼地,玉米、谷子、大豆,像是在汇报、演出。"老爸,您真有文采!""你也不错呀,相信你会超过老爸的!"我和老爸都乐了。

悠悠岁月无限好,亲子读书正当时
——班级诵读小记

王艺霖家长

一眨眼,珍霖亲子读书社团成立四个半月了。在这四个半月里,我们欣喜地发现社团的每个孩子在阅读方面都有了不同程度的进步。

还记得社团刚刚成立时,社团成员就一起确立了读书目标并制订了切实可行的读书计划。我们的两大目标:第一,通过阅读课外书激发孩子们的阅读兴趣,养成良好的阅读习惯,同时,学会积累好词、好句和好段,从而潜移默化地拓宽孩子们的知识面,提高他们的欣赏能力。第二,家长每天必须抽出20～30分钟的时间陪孩子朗读。陪伴是最长情的告白,不仅能增进亲子关系,还能走近孩子,与孩子共同成长。有了目标和方向,我们将亲子读书分为三个阶段:初期、中期和长期。初期为11天,时间短、压力小,让孩子们选择自己喜欢的书籍进行阅读,是初步的适应阶段;中期为一个月,孩子们逐渐养成阅读习惯;长期,是一种日积月累的坚持,孩子们已将阅读和札记当成每天的一种生活习惯。同时,我们建立了属于我们的读书社团微信群,孩子们每天在群里打卡。每月初,家长和孩子聚到一起做一月的总结和交流,并鼓励孩子继续坚持和努力下去。通过每次丰富多彩的社团活动,孩子们在玩中读、读中玩,收获很大,我们家长的素质也得到很大提升。虽然我们家长平时工作很忙、很累,但是看到孩子进步的点点滴滴,不管多忙,我们社团的各个成员都会按时参加活动,作为社长,我更加坚定了继续读下去的决心。

书香与亲情交融,成长与进步并行。享受岁月静好,乐哉!

灯光启蒙

辛昊轩

童年的每个夜晚,永远是美妙的。

太阳公公回家了,月亮姐姐带着小星星们出来了,灯亮起来了。吃完晚饭,收拾好碗筷,妈妈来到我的小书房。橘黄的灯光下,美妙的亲子共读开始了。

"夏天过去了,秋天过去了,冬天又来了,骆驼队又回来了,但是童年却一去不还。"

妈妈用柔和的声音为我朗读,轻轻地,像三月的桃花水,流进我的心田。我的小书房里溢满了书香味儿。那一刻,我懂了:日月如梭,光阴似箭,过去的时间不会再回来了,我要珍惜时间,努力读书。妈妈平时很忙,但是无论多么辛苦,她每天都坚持陪我读书。

"要学骆驼沉得住气,它从不着急,慢慢地走,慢慢地嚼,总会走到,总会吃饱。"

听着,听着,有一只高大的骆驼出现在我的面前,它一会儿慢慢地走,一会儿慢慢地吃,一会儿昂起头向我走来……

"读书的感觉真好!"我一下子喜欢上了读书。

灯光下,妈妈给了我一双隐形的翅膀,为我打开"一扇窗",不仅让我增长了见识,更让我懂得了做人的道理。她用书香浸润了我的童年,让我飞得更高更远!

谢谢妈妈!

和儿子一起成长

辛昊轩家长

柔和的灯光下，温馨的小书房里，我和儿子浸润在亲子共读的时光里，不知不觉共同走过了五个春夏秋冬。

一眨眼五年过去了，我的儿子变了模样，不再那么无知，变得彬彬有礼，越来越懂事了。看到儿子的进步，我由衷地高兴！

每天和孩子一起读书，我感觉自己又回到了那个纯真的学生时代，只是不再年少轻狂，作为母亲，陪儿子成长，我感到更多的是责任、义务和努力。

我是一个普通的农民，是一个只有初中文凭的妈妈。记得儿子上幼儿园时，我根本不知道读书的好处，只知道孩子在幼儿园听话就好。

儿子上一年级时，遇见了陈密芝老师。通过陈老师，我知道了读书有很多益处，对孩子的成长十分重要。当时，我非常后悔和自责：为什么没从幼儿园就开始引导孩子读书。

一年级，孩子的认字量不大。因为不认识字，儿子读起书来很费劲，慢慢地，有点讨厌读书了。我急了，这可怎么办呢？陈老师仿佛知道我的心思，在第一次家长会上，就做了亲子共读的指导。其实，不是我一个人着急，很多家长遇到了和我一样的难题。她让我们不要太心急，慢慢来，让我们和孩子一起阅读，而且一开始每天读书的时间不能太长，从 10 分钟，到 15 分钟，再到 20 分钟，逐渐增加。

家长会结束后的第一个晚上，我便开始和儿子一起读起书来。由于认字不多，儿子让我读给他听，我想来想去，这也不是办法，于是我就把字典找了出来，一起查字典。虽然半个小时才读了绘本的一面，但我还是表扬了儿子。

五年的时间里，在陈老师的引导下，儿子从不认识几个字让妈妈读给他听，到自己读，再到读给妈妈听。这样的转变是我这几年最大的收获。

说实话，在儿子上小学之前，我一直以为读书是他自己的事，只要我把书买给他，让他自己读、自己消化就够了。但在和儿子共读的这段时光里，我和儿子有了很好的沟通与交流，这让我对儿子的心理成长和情绪发展有了更深的了解。

和儿子一起读书,共同成长!

读书,真好!

孩子变了

武凡凯家长

我是庄户人,为了生计,不得不成天忙碌着,没有心思读书学习。通过这个活动,我学到了很多东西,和孩子一起认识很多字,还能进一步了解孩子,和孩子增进感情。

开展亲子共读以来,我的孩子发生了翻天覆地的变化。可能是入学年龄有点小,以前学习特别累,基础很不好,老师布置的作业只能草草地应付下来,更别说看课外书了。现在,孩子看什么书都亲,看什么书都感兴趣。这个活动刚开始时正好是星期六,孩子捧着他爸爸的那份资料看得出神。我问他:"你在看书?"他回答:"嗯,是关于经济的。"他爸爸站在一旁高兴地说:"陈老师真有本事,把咱儿教得变了。"以前我给他的零花钱,他只顾着买牌、买玩具,现在把钱都攒下来买书了。老师要求买的、他自己喜欢的书都主动买。看到孩子爱看书了,我们真是高兴极了,特别感谢陈老师。

亲子共读,贵在坚持

李佳臻家长

自班级开展亲子共读以来,我的感受特别深刻。这样不仅培养了孩子的读书兴趣,提高了孩子的朗读能力和写作水平,也考验了家长的耐心,增加了亲子交流的机会,孩子也愿意敞开心扉和家长谈谈学校、班级、老师的最新消息,家长和孩子的距离近了。

陈老师说亲子共读活动贵在坚持坚守。是的,有这么一位好老师引领孩子走上阅读之路,使孩子觉得阅读不再是硬邦邦的作业,而是一种乐趣,孩子买书不再走形式,而能认认真真地读完,这是令家长最欣慰之处。以前孩子买了很多书,但只在那里摆着,很可惜。

　　我体会最深的是和孩子一起朗读。在《春光染绿我们双脚》中,我读的"山岩""茂密""咆哮""拥抱"都不在高调上,孩子给我当老师,对我要求很严格。经过孩子的指导,我又读了好几遍,感觉好多了,有种诗朗诵的味道了。等孩子再读的时候,真是抑扬顿挫,让我感到惊讶,孩子的朗读能力有了这么大的提高,真是太棒了。每天工作回来还要和孩子一起读书,有点辛苦,但看到孩子的进步和快乐,再苦再累,也值得。孩子才是我们最大的财富!

　　阅读就是如此美好! 当老师读起来,当家长读起来,当学生读起来,我们的教室怎能不书香袅袅?

第六章
生态文明课程的构建与实施

一、生态文明进班级

"生态兴则文明兴""人与自然和谐共生""绿水青山就是金山银山""山水林田湖草是生命共同体""共同建设美丽中国""共谋全球生态文明建设之路",习近平总书记的生态文明思想,对于小学生而言,意义非凡。作为地球村的一员,作为中华大地上的一员,我们每个人与环境都息息相关,每个人都不能置身事外。班主任要培养学生从小树立环保意识,让他们"望得见山、看得见水、记得住乡愁"。低碳、绿色、美丽中国、温室效应等词语都应该进入学生的视域,并引领学生身体力行。我班以植树节、世界地球日和世界环境日为契机,开展"生态文明我知道—争做环保小卫士—生态文明进进家庭"系列活动,通过调查采访、研究性学习、志愿服务、环保征文等形式,将生态文明的种子播撒在孩子们的心中。

二、把绿色种在孩子们的心田

一叶一落是轮回,一草一木是生命。感恩自然,保护自然。每年的3月12日,爱绿护绿成为一种仪式。

春和景明,万木生发,绿意充盈视野,令人心旷神怡。抓住植树节这个契机,我班开展了校园绿植认养活动,为校园涂上最美的妆容。合抱之木,生于毫末。十年树木,百年树人。让"绿水青山就是金山银山"的理念,走进每个学生的心中。把绿色种在春天里,把绿色种在孩子们的心田。

植树节还开展班级大讲堂活动。班级宣讲员向同学们宣传植树造林的重要性:"树的作用对于人来说,可以制造氧气,减少二氧化碳、吸尘、净化空气、防风降温、转化无机物,是生物圈不可或缺的生产者。一棵树,一天可以蒸发 400 千克水,大约可制作 200 千克纸浆,大约可制作 750 卷卫生纸,一年可贮存一辆车行驶 16 千米所排放的污染物;一亩树林放出的氧气可供 65 人呼吸一年,一年可吸收各种粉尘 20～60 吨,一年可吸收二氧化碳 67 千克,可以释放氧气约 49 千克,可吸收有毒气体二氧化硫 4 千克。一棵 50 年树龄的树,以累计计算——产生氧气的价值约 31 200 美元;吸收有毒气体、防止大气污染价值约 62 500 美元;增加土壤肥力价值约 31 200 美元;涵养水源价值 37 500 美元;为鸟类及其他动物提供繁衍场所价值 31 250 美元;产生蛋白质价值 2 500 美元;除去花、果实和木材价值,总计创值约 196 000 美元。"

通过宣讲活动,不仅让学生们认识到树的价值,而且促使他们养成爱护一草一木的文明习惯。"文明,从节约一张纸开始,再也不随便浪费纸了",这是学生们最直接的认识。

三、争做环保小卫士

保护环境,怎样从小事做起?怎样从自我做起?通过主题班会,观看有关生态的视频,小组讨论写倡议书,制作海报进行宣传,表演环保情景剧,让学生认识到:环保不应挂在嘴边,而是重在行动。

以下为我们班对垃圾进行分类的一些举措。

(一)营造氛围:垃圾分类进班级

实行垃圾分类,关系广大人民群众生活环境,关系节约使用资源,也是社会文明水平的一个重要体现。垃圾分类,势在必行;垃圾减量,人人有责。为践行绿色发展理念,进一步提升学生的文明素养,我班紧跟时代步伐,积极践行垃圾分类,弘扬时代新风。

垃圾分一分,环境美十分。班级里由原来一个"混装"垃圾桶,变成了分类垃圾箱,安放在角落里。班级黑板报上刊登了有关垃圾分类的知识;通过阅读垃圾分类读物,做手抄报,了解垃圾分类的好处、怎样分类。学生们日常随时可以学到垃圾分类的知识,强化了学生的垃圾分类意识。

(二)大手拉小手:垃圾分类进班级

召开主题班会,科普垃圾分类知识。

"垃圾分类有什么好处?"

"垃圾分类可以减少资源的消耗,回收1吨废纸,可以免于砍伐12棵大树!"

"可回收垃圾有哪些?"

"废纸类、废塑料、废金属、废玻璃等都是可回收垃圾,要放在可回收垃圾桶内。"

班会课上,一场垃圾分类知识大比拼正如火如荼地开展着。我班还通过观看视频、图文道具等方式,让学生们直观了解垃圾分类的知识。

垃圾分类我先行,有害垃圾莫放松。通过科普垃圾分类知识,学生们知道了生活垃圾中有很多对人体健康、自然环境造成直接或间接危害的废弃物,如电池类、灯管、药物、油漆、农药瓶。为了避免这些物品的错误投放产生危害,我班号召学生们在家和父母一起搜集家中的有害垃圾,进行安全包装后带到学校,统一收集、处理。通过一段时间的学习、实践,学生们都能熟练地将垃圾进行分类、投放。

环保意识进入学生的生活日常,连易拉罐有了第二次生命。

易拉罐的第二次生命

于 遥

4月22日是世界地球日,6月5日是世界环境日,6月10日是中国低碳日……这些节日都和一个词有关:"环保"。地球是我们赖以生存的家园,我们要保护环境、保护地球。作为地球上的一位小公民,我可算得上是一位环保小卫士啦!

晚上放学回家后,我发现灯罩坏了,便给妈妈打电话:"妈妈,我的灯罩怎么坏了呢?""哦,我今天上午擦灯罩时不小心弄破了。你先到客厅做作业吧,那里灯亮些,周六我再给你买一盏台灯。""哦。"要是能换个灯罩的话,就不用再买盏台灯了。我突然想到阳台上的那堆易拉罐,去找了一个,洗干净后,用剪刀把底部剪掉,再往台灯上一罩,正好!我边看着自己的作品边想:把易拉罐变灯罩,废物利用,这不就是环保行动嘛!晚上妈妈回来了,看到我的杰作,不但夸我聪明,还对我的环保行为赞不绝口。我趁热打铁给妈妈又科普了一课:"洗完菜的水可以冲厕所,不用一次性物品,买东西用布袋……"

做环保小卫士,从身边的每一件小事做起吧!

四、小手拉大手,生态文明进家庭

生态文明我知道,我当小小讲解员。当学生有了一定的环保意识后,要趁热打铁,让他们给家人进行科普。以垃圾分类为例。

"妈妈,您知道将垃圾进行分类可以减少城市臭气的产生吗?混合垃圾在收集、运输和处理的过程中容易发酵,产生甲硫醇、甲硫醚等气体。将垃圾分类后,可以有效降低这种污染,有利于我们呼吸更加清新的空气……"

"爸爸,生活垃圾不是这样分的,您看我是怎样做的!"

"妈妈,我们的生活垃圾分类后需要投放到小区对应的垃圾桶内。只有这样做,垃圾分类才真正有效果!"

教育一个孩子,带动一个家庭,文明整个社会。孩子们主动当起了垃圾分类讲解员。班级通过小手拉大手等形式,带动身边的家长和亲友,同时,通过班级微信群、微信推文等形式,倡导家长和学生共同参与垃圾分类活动,树立垃圾分类的责任感,让更多家庭了解垃圾分类的意义和重要性,掌握垃圾分类知识,践行垃圾分类,践行文明环保,传递文明观念,为文明城市添砖加瓦。

垃圾分类在"指间",文明记心间。垃圾分类是生活中的小事,却是生态文明建设的大事。久久为攻,习惯成自然。

生态文明入脑入心后,便会化作一种自觉的行动。以下为班级学生的生态文明行记录。

我家的环保行动

曹靖琪

以前，我经常看到一些老爷爷、老奶奶在大街上捡垃圾，他们所拾多为一些矿泉水瓶子、烂纸箱等一些可回收利用的垃圾。最初，我认为他们是"财迷"，这样做只是为了换取一些钱财。后来，奶奶也加入他们的行列，断断续续地捡了一些矿泉水瓶、废旧轮胎等污染环境的垃圾。积攒多了，拉到废品收购站去卖掉，然后再开始捡。就这样，奶奶断断续续地捡着、卖着。我想，奶奶是不是也被"财"迷住了呢？

有一次，我问奶奶："捡垃圾又脏又累，您为什么还要去捡呢？"奶奶说："奶奶现在年龄大了，反正要出去散步，就顺便拾拾垃圾，也不耽误散步。再说现在到处都是垃圾，污染环境，拾一个就少一个，这也是对社会的一种奉献，你说是吧？"听了奶奶的一番话，我恍然大悟。那一刻，他们蹲下身子捡垃圾的身影清晰地浮现在我眼前，他们的形象在我的心中瞬间高大起来。

从那以后，我上学、放学时看见垃圾就捡。刚开始捡瓶子时，我总觉得后边有人看我，觉得不好意思，慢慢地，我想通了，自己是为了保护环境而努力，有什么不好意思的，后来时间长了，我也就觉得无所谓了。

在我和奶奶的带动下，渐渐地，爸爸妈妈也加入奶奶和我的保护环境的行列中。而且，妈妈会用家里洗衣服的水来洗拖把、冲厕所，买菜也用篮子了……

看着周围的环境一天天好起来，我们全家人的心里美滋滋的。

大手拉小手，小手拉大手。行动起来，共建美丽中国、美丽地球！

第七章
四季课程的构建与实施

　　苏霍姆林斯基认为,培养孩子把思想集中在一个对象上,而转瞬间又把它转向另一个对象的能力,是智力发展的十分重要的过程。迅速转换思想的能力,也就是机敏性,决定着发达的头脑的品质。为了发展这种能力,就要给学生上思维课,即让学生观察和思考周围世界的事物和现象。学生学会边观察边思考和边思考边观察,是思维课的意义。思考应先于学习。学生在开始学习之前,必须先学习思考。每个人都焕发出某种兴趣,没有兴趣就享受不到发现的快乐,就没有才干、爱好,没有朝气、个性。美是道德纯洁、精神丰富和体魄健全的有力源泉。美育最重要的任务是教会学生能从周围世界、大自然、艺术的美中看到精神的高尚、善良和真挚,并以此为基础确立自身的美。人在智力上的深入发展,是丰富审美需求和审美感的一个重要条件。因此,应引导学生理解周围世界、大自然和社会关系中的美,感知和领会美,是审美教育的基础和关键,是审美和审美素养的核心。

　　一草一木皆教育。大自然是鲜活的教科书。人与自然和谐相处,是生命教育中的重要内容。日月经天,江河行地,春风夏雨,秋霜冬雪,梅兰竹菊,大自然生生不息,四时景物美不胜收。校园是学生生活中最重要的空间。我们学校占地 60 多亩,校园很大、很美,有多处独特的自然景观。每一处都是一幅画,一年四季都很美,都可衍生出无数的课程资源。通过校园的天空,本课程以"春之华—夏之韵—秋之实—冬之洁"为主题,构建多彩的四季课程,领略自然之美,让学生感受到大自然的美轮美奂，懂得人类自我是大自然的一部分，人类只有爱护自然、敬畏自然、感恩自然，才能实现人与自然的和谐相处，保护人类赖以生存的家园，同时，培养学生的审美情趣，增加对校园的感情。

在四季课程的构建和实施过程中，我主要从以下几个方面着手。

1. 将校园的景观编入班本教材《我爱我校》

2. 制定方案

采取赏、照、写、画、唱、诵、玩等方式，利用综合实践活动的时间来开展。

3. 游览校园

有两种方式：一是我做解说员，集体定点游览；二是分组游览，学生自由组合，自选景点。

游览要抓住时机，基于季节特点，抓住每个季节的最鲜明的时机去游览。例如，春天分为早春二月、阳春三月、最美四月天和暮春落花时节，这四个阶段各有其美，都应该带学生领略一下；夏天主要是荷花开的时候为宜；秋天抓住树叶变黄、落叶铺地和果实成熟时最佳；冬天下雪时最妙。

4. 分享成果

采用照、写、画、唱、诵、说等方式均可。从学生的文字记录中我们可以感受到他们的快乐！

一、校园景观

同学们，除了在家里，你待的时间最久的地方就是学校了，学校如同我们的第二个家。作为学校的小主人，你了解这个"家"吗？校园如画，校园如诗。用这两句话比喻我们三里河小学再合适不过了。

走进我们的校园，扑面而来的是浓郁的文化气息。目之所及，足之所至，物之所显，无不氤氲着诗意之美和书卷味儿。它宛如一幅流动的画，一步一景；似一首无言的诗，美不胜收；如一本宏伟巨著，是一本领导、老师、学生、家长、社会共同书写的经典之作，是一本不断丰厚、未完待续的书。这本书内涵丰富、情节动人，每一页都令人回味无穷。"思河之源，聚合之力，成和之美"这一文化主题，被羽化为一个个井然的文化系列，如史诗般示于人前。园园景不同，景景韵相通,处处有境界……"文化"在有限的校园里被演绎成无限的人间情怀。

一枝一叶总关情,一楼一墙皆教育。每天徜徉在美丽的校园中,你是否也有"人在园中走,如在画中游,同在书中行"的感觉呢?带上好的心情,让我们一同走进这幅连绵不断的画卷,美美地观赏吧!你会发现,我们的第二个家,真的是美不胜收呀!

步入我们的校园,无论你置身何处,眼前总是一幅美丽的图画,使你油然而生"眼中有丘壑,美在心中流"之感。只见红墙绿树,潋滟波光,荷花亭亭,翠竹婆娑,花香浓郁,芳草萋萋,校园四周绿树掩映,爬墙梅小鸟依人般拥在栅栏的怀抱里,处处灵韵飘逸,撩人情思。她,宛如一位初妆的少女,袅袅婷婷、清新可人、赏心悦目。

花草树木的映衬、近景远景的层次、四季更迭的交接,与周围楼栏的配合都恰到好处。带着对这园林之美的惊异,我们循着"曲径通幽"走进校园深处,那时你更会啧啧称赞了。

园、景等取名多出自《诗经》《论语》《道德经》《大学》等古典文化典籍。

校园内有三条主路,纵横交错,路路畅通。幸福路:从北大门往南通往教学楼入口的那条路便是幸福路了。师生每天带着憧憬、迎着朝霞步入校园,踏着余晖满载而归。日日行走在这条路上,幸福像这长长的三里河水在心头荡漾。日新路:从南大门往北走,就进入日新路了。"日新"源自《礼记·大学》中的"苟日新,日日新,又日新"意寓着我们师生除旧布新、不断进取,学校在创新中发展得又快又好。大学路几乎环绕半个校园,从餐厅北面开始,经过芦雁池,绕道体育馆北,与幸福路连起来,因临大学城而得名。

校园20景包括芦雁池、梦想开始的地方、西亭书苑、凌云阁、仁乐石、蔚然槐、大学城、怡然亭、菁菁园、明德园、德善园、德信园、至柔园、春泽园、稚子园、琴瑟园、稼穑园、清淑园、桃李园、沁芳园。

每座楼镶着一道花边,或迎春花,或紫叶小檗,或小叶女贞,或百日红。漫步校园,你会不由得发出这样的感叹:"好一座花园中的学校!好一个学校中的花园!"

这就是我们的学校,我们的第二个"家"!我们的校园文化简约而时尚,形散而神聚,尊重历史而正视创新,视角独特而富有内涵。即便那些小地方也彰显着文化的主题。楼与楼的空隙里补种几竿竹子;教学楼的每一层楼的台阶上都镌刻着箴言隽语;楼梯口张贴着"注意安全,小心滑到"之类的提示语;窗台上生长着芊芊小草;墙围着上了不同的色彩,或浅黄,或淡绿,或粉红,无不流淌着温馨和诗意。总之,校园的每个角落里无不焕发着生命的气息,令人赏心悦目,用只言片语是描述不尽的。

走出校园,再回首,流连之情涌上心头,你会情不自禁地高声礼赞:"美哉,三里河小学!"你会朗声说道:"我自豪,我是三里河小学的一员!"

二、游园撷英

以下为学生四季校园游的体验。

菁菁校园春意浓

林 燕

四月,在春的光艳中交集着。我们校园的四月,别有一番情趣。

信步来到至柔园,那里的花迎风招展,好像在炫耀自己有多么美丽。再往里面走一走,瞧,迎春花枝上开出了黄色的小花,远远望去,一朵朵花像一个个小喇叭。近一点儿看去,每朵花由六个花瓣组成,花的中间有细细的花蕊。一阵风吹来,有一股淡淡的清香扑鼻而来。靠近蜡梅花,花色粉里透白、白里透粉,宛如火上有雪、雪上有火。我觉得这一景象十分奇妙、有趣。

"桃花一簇开无主,可爱深红爱浅红……"正在赏花的我,忽然听到有人在吟诵,是谁呢?循着声音我急忙跑过去,来到怡然亭,看见许多同学聚在那里,有的站着,有的坐着,原来他们在这里举行"诗词大会"呢!"古藤缠结倚晴光,繁艳临风满架香……""迟日江山丽,春风花草香……"接力背诵之后,是即兴赋诗。同学们有的写迎春花,有的写榆叶梅,还有的写紫玉兰。其中,张惠栋的《迎春花》博得了陈老师的褒奖。他更来劲了,随即吟诵起来:"小小姑娘迎新春,身穿黄色小衣裳。年年都如画儿美,丝丝清香入心房。"我悄悄地坐下来,沉浸在他那悠长的吟诵声中。听得正起劲呢,他忽然停住了,原来吟诵结束了。接着,同学们不由自主地鼓起掌来。这时,又来了一拨同学,我们簇拥着陈老师一起吟诵了《水调歌头》。此时，藤萝花正含苞待放……

穿过幸福路，沿着大学路，我们又来到仁乐石旁。"为什么叫仁乐石呢？"同学们七嘴八舌地问陈老师。"这个名字取自《论语》中的一句话：'者乐水，仁者乐山。'"陈老师像个导游，边走边给我们解说。这时，周义诺看见稼穑园里有个耙，便学着猪八戒的样子，把耙扛到了肩上，说："大家好，我是猪八戒！"大家一阵哄笑。有些男生站在"猪八戒"旁边，扮起了孙悟空、唐僧、沙和尚的样子，不停地向女生们卖萌，引得我们捧腹大笑，那笑声在空气中微微荡漾……

离开怡然亭，来到清淑园。哇！一片紫荆花的海洋！"繁花似锦"，脑子里一下蹦出这个词。我想，用这个词形容再合适不过了。一树一树的紫荆花正沸沸扬扬、热热闹闹地开着，那紫红色有点像茄子花的颜色，但比它明艳；花形如蝶，一簇簇，紧紧相拥在枝干上，一起点亮了整个园子……

风儿轻拂，蝴蝶翩然，徜徉在满园的春色里，快乐像花儿一样绽放……

六月的校园

周　鑫

最喜欢六月的校园。

一进校门，只觉得绿意扑眼而来，仿佛走进绿色的海洋。校园的四周是绿的，教学楼前后是绿的，餐厅前后是绿的，大门两侧是绿的，花园是绿的，小径是绿的，风儿是绿的，空气是绿的，阳光也是绿的。墨绿、深绿、暗绿、青绿、碧绿、翠绿、蓝绿、黄绿、鲜绿、嫩绿、浅绿、淡绿豆绿、橄榄绿……总之，我感觉，大自然的各种绿都在我们的校园里。

忽然，一阵风吹来，所有的绿集中起来，挤在一起，重叠在一起，静静地交叉在一起，好像有人在指挥，所有的绿整齐地按着节拍飘动在一起。我看得出了神，仿佛变成了一个绿色的小精灵，随着风儿舞动起来……

漫步校园，令人心旷神怡。小广场两旁的广玉兰，苍翠欲滴，绿树成荫。藤萝为怡然亭搭建了一个天然的氧吧，空气清新。丰硕园里悠长的小径布满青苔，直绿到鹅卵石的缝隙里。至柔园里那怒放的月季花被四围的冬青簇拥着，真是万绿丛中一点红，怎一个"美"字了得？

这就是我们的校园，一幅绿色的工笔画。

秋天的校园

王心慧

虽然秋天的校园没有春夏时节的绚丽多彩，花草树木也都渐渐枯黄，可我还是非常喜爱它。

校园的午后，秋高气爽。刚才还是纯洁无比的蓝色天空，突然飘来了几片薄纱似的白云，越看越像是一件件蓝色的披风和一条条雪白的纱巾在天空中舞动，形成了校园晚秋的一道多姿多彩的亮丽风景。啊，我还从没见过这么美的天空。

桃李园里，薰衣草的叶子一半绿、一半黄，花完全枯萎了；桃树、李子树的叶子都变黄了；山楂树、梨树、柿子树上结满了累累的果实。山楂红艳艳的，梨子金灿灿的，一个个柿子像玛瑙一样点缀在枝头，桃李园里到处飘着丰收的气息。

信步来到菁菁园，这是一个斑斓的世界。榆叶梅、紫叶李、樱花的叶子都落光了，裸露着褐色枝干，银杏树的扇形小叶子泛着金黄，三叶草绿得苍苍郁郁，片松、马尾松仍青翠如故，那绿色好像在和寒冷挑战，在诉说生命的强大和感召。

我又来到了至柔园。满园的树犹如一片金色的海洋。眼前有几棵梧桐树，像一个个登台亮相的时装模特儿，正用它们美丽的妆容装点着大地。突然，一阵秋风拂过，满地落叶给大地盖上了一床厚厚的金黄色棉被。顷刻间，一阵来势凶猛的旋风把满地落叶卷走，从此，小小的叶子就开始四海为家的独立生活。

风儿吹过，晴空万里。我漫步在春泽园，有几朵艳丽的小黄花向我探头探脑地笑个不停。顿时，勾起我千丝万缕的秋思。"自古悲秋多寂寥，我言秋日胜春朝。"突然想到刘禹锡的一句诗。的确，秋天的美丽一点也不比春天逊色。

西边的太阳像一位老奶奶的脸，那绽开的甜蜜而慈祥的笑容，像个熟透的柿子，给秋天的校园镀上一层金黄色，把校园显得更加美丽。

这就是我们的校园，一个与众不同的校园。

冬天的风景

李昱曈

大雪纷飞,银装素裹。老师带领我们在操场上玩雪。

同学们都全副武装进入"战场"。"啪"的一声,一个雪球突然横空而降,打在了我脑门上。我吓了一跳,往后一看,哈哈!原来是古灵精怪的小伟在向我"开炮"。我赶紧蹲下身来,超速做了个大雪球,趁小伟不备,突袭小伟。"啊呀!"小伟被我的突袭吓了一跳。"耶!"打中了!被击中的小伟瞬间一身白,可笑极了!

正当我得意忘形之际,女生们开始反攻了,只见她们把拳头大的雪球狠狠地朝我投来,打得我丢盔卸甲,慌忙逃窜。女生们还不罢休,每个人在雪地上捡起一个大雪球继续朝我开火。"砰!砰"我连中数球。我几乎成了雪人。她们一边嬉笑,一边向我"开火"。这时,小刚过来助阵,我和他联手,共同抵御女生的"火力猛攻"。我们将四周的雪快速地拢在一起,滚成一个巨大的雪球,作为我们的新式武器——"勇者无敌球""一、二、三……"我俩用尽全力将雪球向女生掷过去,"啊",女生们哇哇乱叫起来,这回她们变成雪人了。看到她们狼狈的样子,我不禁捧腹大笑,乐倒在雪地里……

老师呢?我们的老师正在和几个不打雪仗的同学堆雪人呢!你看,白白胖胖的雪公主正围着老师给她戴上的红丝巾。雪公主手里握着青色的松枝,好像在指挥我们打雪仗;它抿着嘴,眼里含着笑,像在庆祝我们的狂欢。

啊,下雪天,我们的乐园!

最难忘的时光

杨晓莉

春天又到了。

在桃红柳绿、草色青青的校园里,春姑娘在为我们伴奏。连翘花绽开了金黄色的小喇叭,向着长天吹奏着生命之歌。蓝天如大海一般,让人心情澎湃。

每逢这时,我会不由自主地想起陈老师。

她中等个子，有着慈祥的眼睛、乌黑的短发、白皙的肤色，喜欢戴一条粉色丝巾，穿淡蓝色的外套、黑色的喇叭裤、棕色的高跟鞋。她很爱笑。我们喜欢上她的课，就连平时不爱学习的郭浩，在上语文课时都很振奋。陈老师有时会故意写几个错别字让同学们来改正。今天她就拿起粉笔在黑板上刚劲有力地写了一段话，一共没几个字，写错了四个；然后，让同学们来改。改完后，陈老师说："这就是咱班同学，有火眼金睛，能明察秋毫。"接着，她又出了一道题，说是让我们动动脑子。陈老师出上联，我们对下联。我们对得五花八门，有些"厚"脸皮的同学笑了起来，陈老师也被逗乐了，大家都在笑，课堂上响起一片笑声。我们更敬佩她了。

然而，留给我印象最深的，还是陈老师和我们一帮男生打篮球的情景。

那个周班里太平，同学们的表现让陈老师很满意，于是，她"赠送"我们一节活动课。外面阳光明媚，天公作美，陈老师带领我们来到操场，简单地分了一下组。她故意让我们几个高手组合在一起，自己则带着一些水平不那么高的队员。我暗暗地想："哈哈，这次我们赢定了。"队长成龙觉得这样打不太公平，说："老师，你们组实力太弱了。""没事儿，大家不要太看重比分，打球不在输赢，重要的是一起打球的快乐。"陈老师笑着说："开始吧。"刚开场不到两分钟，我就率先投了一个球。我骄傲地说："我们赢定了！"突然，一个高个子男老师"闯"了进来，也不知他加入哪组。他抢到球飞奔篮球筐前，一个轻快敏捷的弹跳，球就进了！正欢呼着，下课铃响了……

春风习习，吹动我的思绪。那些美好的时光宛如动画片在眼前再现……

苏霍姆林斯基说："大自然是最好的思维课。"四季课程，不仅陶冶了学生的情操，帮助他们养成善于观察、留心周围事物的习惯，我还收获了一波幸福，拉近了和学生的关系。其实，这只是四季课程的附加值而已。

第八章
游戏课程的构建与实施

一、童年，不能没有游戏

苏霍姆林斯基认为，对于孩子而言，游戏是最严肃的事情。世界在游戏中向儿童展现，儿童的创造性才能也是在游戏中显示的。没有游戏，就不可能有完满的智力发展。游戏犹如打开了一扇巨大而明亮的窗子，源源不断的有关周围世界的观念和概念的湍流通过这个窗口注入孩子的心田。游戏犹如火花，它点燃探索和求知的火焰。学龄前的儿童以游戏为主，那么成为小学生之后应该继续做他昨天做的事情，让新东西在他的生活中逐渐出现，不要让大量印象的涌来使孩子应接不暇、不知所措。因此，童年里不能没有游戏。在他们眼中，一切都那么有趣、好玩。特别是课间，如何文明玩耍并保证安全，这是班主任必须考虑的问题。我班课间以传统游戏为主：玩手影、踢毽子、丢沙包、跳绳、老鹰捉小鸡、贴膏药、捉迷藏、掰手腕等。时而三三两两玩，时而成群结队玩；时而生生共玩，时而师生共玩；时而在操场上玩，时而在教室里玩。总之，这些老游戏让课间异常精彩，让校园生活充满童真、童趣。

二、游戏里的童年

游戏，是学生快乐的诠释，是自由自在的表达，是学生生命中的一道风景。游戏之于小学生，如同盐之于菜。没有游戏的童年是无趣无味的。一个手影，可以幻想出许多故事；一个猜谜，让课堂活色生香；一根跳绳、一个毽子……每一物件都会关联起童年往事。你瞧，这些生动的体验。

奇妙的手影

王新龙

手的作用十分广泛，可以写字、可以翻书、可以手工制作……手也有其他妙处。你看，阳光把我的影子拉得那么长，我又要开始玩手影表演了！

阳光下的手影，形态各异、姿态万千，可以引发我许多的幻想。我幻想它是一只正在原野上奔驰的汗血宝马，我眼前就真的展现出一匹四肢强健的马儿在飞驰，碰巧弟弟把风铃弄响了，这不就是马儿奔驰时发出的脚步声吗？我幻想它是空中自由飞翔的鸟儿，我就真的看到了晴空万里下，一只雄鹰在展翅翔翔；我幻想它是一只蝎子，眼前就真的浮现出一只正在呼呼大睡的蝎子，正巧墙上有两个小圈，这就是蝎子睡觉时从鼻子里发出的泡泡。我幻想它是一群北迁的大雁，我就真的看到了一对"人"字形大雁，我的手情不自禁地动了起来，这是大雁舞动的情景，有趣极了。

我把手弯来弯去，做成一条蛇，左看看右看看，总觉得缺什么，于是把一个纸条夹在手里，当作蛇的舌头，一收一缩，好不逼真！我把手做成了兔子形状，手指一弯，耳朵弯了，一直，耳朵挺了，再一收一缩，小兔子"跑"起来了！我再摆上一些纸做的青草，手一张一合，小兔子"吃饭"了。我把手合成一个花骨朵，慢慢张开，开花了！我又把手变成了一只海鸥，幻想它正享受着暖暖的海风，愉快地掠过海面，可好看了！我把手又搭成了帐篷，幻想着白雪公主和七个小矮人住在里面幸福地生活。

最后，我把手做了个"心"。"老班"那么爱我们，我要把这颗心送给"老班"。"老班"，我爱您！正边想边玩着，"该回教室了……"忽然传来体育班长的催促声。

玩中学，学中玩。多么有趣呀！

你做我猜

徐新月

"今天我们来玩一个游戏。"作文课玩游戏,我是不是听错了?老师宣布游戏名称时,我们都高兴得差点跳起来。

老师让我们玩"你来比画,我来猜"的游戏。游戏规则是这样的:一个人走上台,根据老师说的词语来比画,可以说话,但不能说出词语中的字。两分钟内,如果下面的某个同学猜出来了,那表演的同学和猜对的同学,各加一分。

游戏开始了,第一个举手的是欣怡,她从容地走上讲台,看完老师指定的词语后,说:"山东大学的同学真聪明,中国海洋大学的同学真多。"我们被欣怡的话搞得一头雾水。她又把前面的话说了一遍,我们还是猜不出,一个个急得抓耳挠腮。欣怡有点着急,又说了一遍,而且故意把句子最后的两个词用重音强调了一下,好像在提示我们什么。突然郑腾大声喊道:"人才济济。"欣怡高兴地大喊一声:"对了。"欣怡和郑腾各加一分。

这么有趣,我也要试试。我把手举得老高,老师让我上台。我心里像揣了只小兔子似的,有点小紧张。这次的题目是"照相机"。我连忙将双手比画成成方形,做出用右手食指按快门的动作。这时,李军喊一声:"照相机。""恭喜你,答对了!"我高兴地跳了起来。

游戏结束,老师在黑板上赫然写道:"习作《一次有趣的游戏》"。哈哈,是让我们写刚才的事情。张飞吃豆芽——小菜一碟。我奋笔疾书,一篇佳作在笔尖流淌出来。

游戏不仅可以让学生身心愉悦,还可以让学生在游戏中懂得守规则、守秩序,同时,学会了合作。

第九章
艺术课程的构建与实施

习近平总书记在全国教育工作会议上指出:"我们的教育方针是培养德、智、体、美、劳全面发展的社会主义建设者和接班人。"他特别强调:"要全面加强和改进学校美育,坚持以美育人、以文化人,提高学生审美和人文素养。"美育是一种爱美的教育,它鼓舞人们去爱美、欣赏美、追求美,提高生活情趣,培养崇高的生活目标,这是美育的独特功能。审美教育利用审美活动本身所具有的感染人、陶冶人的特点塑造美好心灵,使人和谐、均衡、健康地发展。如何培养小学生的艺术爱好,引导他们学会欣赏和体验美?除了落实音乐课、美术课等国家课程外,我班主要通过"听懂一首曲—会唱六首歌—发现身边美"三个主题课程,培养学生用审美的眼光和思考方式看待周围的一切事物,获得一种全新的洞察力,从而形成终身的艺术素养,为美育的发展助力。

通过主题班会集中落实每一个小课程,然后利用每天下午上课前的 10 分钟进行交流分享。

一、听懂一首曲

苏霍姆林斯基说:"音乐是自我教育的有力手段,音乐教育不是培养音乐家,而首先是培养人。人借助音乐不仅可以认识周围世界的美,而且可以认识自身的崇高、壮丽和美好。"

（一）听音乐（古琴演奏）

（二）讲故事《伯牙学琴》

（三）知音文化

知音的本意是指钟子期在伯牙弹琴时,能从琴声中听出伯牙志在高山、志在流水的意境和心志,达到心灵的沟通,很快两人就从素昧平生成为生死不渝的知音和知己。"高山流水"的知音故事在世世代代的流传中形成知音文化。

知音文化,关键在一个"知"字。"知"是知音、知己、知心。人与人之间互信互爱,人际关系才能和谐亲密。

（四）联系实际

思考:在班里,你是谁的知音? 谁是你的知音? 你们是怎样成为知音的?

只有当知识走向生活、生活走向生命,引起情感的深刻共鸣,教育才有了意义。

二、会唱六首歌

（一）国歌《义勇军进行曲》

国歌人人会唱,但会唱还不够,还应知道这首歌背后的故事,了解这首歌的意义与影响。

中华人民共和国国歌《义勇军进行曲》,由田汉作词、聂耳谱曲,诞生于20世纪30年代中华民族生死存亡的危难时刻。中华人民共和国成立前,《义勇军进行曲》是中华民族反抗日本帝国主义侵略、争取民族独立解放的战斗号角;中华人民共和国成立后,《义勇军进行曲》又成为全国各族人民建设社会主义中国的强大精神动力。站在新的历史起点,每一次唱响这激昂的乐曲和歌词,对于弘扬爱国情怀、凝聚中国力量、传承中华文化精神,均具有重要的现实意义。

"九一八"事变爆发后,民众抗日救亡的热情空前激烈,要求电影"猛醒救国"宣传抗日的呼声也日益高涨。1932年秋,夏衍、阿英和郑伯奇受党的派遣进入上海电影界。1935年初,电通影业公司拍摄的第一部影片是《风云儿女》,

《义勇军进行曲》是该片主题歌。

影片《风云儿女》表现的是"九一八"事变后,在国民党反动派统治下的知识分子从苦闷、彷徨中勇敢地走向抗日前线,在民族解放斗争中锻炼、成长,表达了全国人民一致要求抗日的强烈愿望。

田汉和聂耳共同创作了《义勇军进行曲》。1935 年 2 月,田汉因宣传抗日而被捕入狱。田汉等左翼文艺工作者的相继被捕,令聂耳感到义愤填膺,同时,唤起了他的创作激情。他在上海霞飞路 1258 号 3 楼的居所内,以勇敢和智慧,倾注了生命的热情,谱写出雄壮的《义勇军进行曲》。《义勇军进行曲》一经面世,很快传遍大江南北、长城内外,成为中国各族人民反抗日本侵略者的高昂战歌,鼓舞了无数中华儿女用自己的血肉,筑成万众一心、团结御侮的新的长城。

(二) 校歌《梦想开始的地方》

学校是学生知识的摇篮、成长的乐园、梦想开始的地方。唱起校歌,便会想起母校,想起童年的时光,想起难忘的师生情、同学义。怀着一颗感恩的心,再次唱响我校的校歌——《梦想开始的地方》。

三里河,碧波荡漾的母亲河,流淌在我们的心坎上。介亭旁,椿树长,桃李芬芳,是我们梦想开始的地方。三里河小学,为学尚勤,求知探源。三里河小学,幸福的微笑,花一样绽放,我们一起拥抱明天的朝阳。

三里河,饮水思源我的母亲河,汇入了大海纵情歌唱。聚合力,成和美,百年栋梁,是我们扬帆远航开始的地方。三思省身,里慧外秀,成功的喜悦挽起春光,我们一起放飞未来的希望,一起放飞未来的希望。

(三) 班歌《隐形的翅膀》

在成长的路上,每个人都不可能一帆风顺,每个人最终都要独自面对人生。如何在学生心中根植一颗自强的种子,班主任必须帮他们拥有一双隐形的翅膀。仁爱、坚强、勇敢、担当、梦想、宽容、情怀……这些都是人生飞翔中不可或缺的"翅膀"。有一双隐形的翅膀,学生会变得更强大、更优秀!

(四)《我爱我的祖国》

"家是最小国,国是千万家。有了强的国,才有富的家。国的家住在心里,家的国以和矗立。国是荣誉的毅力,家是幸福的洋溢。国的每一寸土地,家的每一个足迹。国与家连在一起,创造地球的奇迹。一心装满国,一手撑起家。国是我的国,家是我的家。我爱我的国,我爱我的家。"

祖国是每个人的靠山,是我们最大的家。什么是国家?怎样爱自己的国家?通过这首歌,引导学生认识"国家",了解祖国的发展变化,从站起来到富起来到强起来,厚植家国情怀。

(五)《没有共产党就没有新中国》

《没有共产党就没有新中国》创作于1943年,原名为《没有共产党就没有中国》。当时抗日战争尚处于相持阶段,国民党顽固派发动第三次反共高潮。蒋介石在《中国之命运》的白皮书中称:"没有中国国民党,就没有了中国。"延安《解放日报》发表社论《没有共产党就没有中国》,对此进行了有力的驳斥。作曲家曹火星看到这篇社论后,随即谱写了这首《没有共产党就没有中国》。毛泽东主席听到这首歌后说:"共产党还没有成立,中国就已经有几千年的历史,怎么能说没有共产党就没有中国?应该加个'新'字。"自此,该歌名和其中的歌词,就变成了《没有共产党就没有新中国》。通过这首歌,引导学生从小学党史,听党的话,永远跟党走。厚植爱党、爱社会主义的情感,童心向党,快乐成长。

(六)《学习雷锋好榜样》

雷锋是每一位中国人的精神坐标和道德楷模。引领学生接续唱响《学习雷锋好榜样》。学习雷锋助人为乐、无私奉献、勤俭节约、艰苦奋斗的精神,让雷锋精神的种子播撒在每一个学生心中,伴学生们茁壮成长。

(七)《中国人民志愿军战歌》

"雄赳赳,气昂昂,跨过鸭绿江!保和平,卫祖国,就是保家乡……"抗美援朝是一场正义之战,中国人民决不能容忍外国的侵略,也不能听任帝国主义者对自己的邻国肆行侵略而置之不理;抗美援朝是一场胜利之战,是气壮山河的凯歌,伟大的胜利光照千秋,灿若群星的英雄闪耀在历史的天空。西方侵略者在东方一个海岸上架起几尊大炮就可霸占一个国家的时代早已一去不复返。抗美援朝战争不仅奏响了一曲曲可歌可泣的凯歌,而且锻造出伟大的抗美援朝精神。通过这首歌,引导学生从小就懂得要捍卫祖国的安全与尊严。

三、发现身边之美

美无处不在。当身边的一草一木、一事一物走进学生的视野,凝结成一种体验时,美的因子便开始在他们的心中发酵,快乐的音符便在他们的生命中跳跃。

仙人掌

单 炎

仙人掌不是名贵的花,不是最美丽的花,但对我来说,它是最值得赞美的的花。

仙人掌是一种生命力十分顽强的奇特的热带植物。

仙人掌百折不挠的性格令人惊叹。无论有没有水、温度是高是低,它都不在乎。它翠绿的身体长着一块块长满硬刺的掌状茎,它不断向上生长,像叠罗汉似的。它长在什么地方都矫健,像勇士一样,矗立在土壤中。在炎热的夏天,其他植物都低垂着头,仙人掌却没有,它高昂着头,眺望着蓝蓝的天空;在寒冷刺骨的冬天,别的植物早已被主人捧回室内,仙人掌却顶着风霜,不惧严寒,在冰天雪地中成长、生存。它顽强的生命力有哪种植物能比得上呢?

在我们的生活中,不是有很多这样的人吗? 司马迁受宫刑著《史记》,阿炳失明作《二泉映月》,奥斯特洛夫斯基失明著《钢炼是怎样炼成的》,霍金被禁锢在轮椅上,思维却飞出宇宙……他们身处逆境,却勇敢地向命运挑战,用顽强谱写了精彩的人生!

仙人掌不仅生命力顽强,还有药用价值。用仙人掌全草的提出物进行细菌培养实验,结果显示:仙人掌对金黄色葡萄球菌的抑制效果最显著,对此菌的18个抗青霉素系也有高度的抑制作用,还对枯草杆菌有高度抑制作用。仙人掌专治气痛、消肿毒、恶疮,又可补脾、镇咳,作用大着呢!

我爱仙人掌,更爱它百折不挠的精神!

音乐喷泉的精彩瞬间

李雨轩

我看过许多美丽的景色,有波澜壮阔的黄河、云雾缥缈的庐山、浓妆淡抹的杭州西湖,但最令我难忘的是那天晚上的音乐喷泉。

盛夏的夜晚,天气闷热,我们早早地来到公园,等着看音乐喷泉。我们等啊,等啊,可是喷泉迟迟不肯开始,我有点不耐烦了,边用手扇着风边说:"怎么还不开始啊!"话音刚落,我身后响起了一阵水声。回头一看,一根十多米高的水柱喷了起来,音乐也伴着响起,音乐喷泉开始了!

喷泉上被打上了五彩的灯光,水柱随着音乐的起伏变化成各种形状,有时变成星星,有时变成烟花,我看得眼花缭乱。突然,所有的喷泉都汇聚到一起,积聚在一个点上,再洒下来,像一道瀑布一样。有星星点点的水洒到了我的身上,很凉爽。五彩的灯光在变幻着,我瞪大双眼欣赏着这难得的情境,生怕眨眼间这美景就不见了。突然喷泉的两边又汇聚过来两条形如翅膀的水柱,太美了!但是这样的造型只持续了几秒便落下了。

在回家的路上,我不断地回味着刚才那一幕精彩的画面,音乐喷泉太美了!

难忘的运动会

吴俊逸

桃红柳绿,春暖花开。一年一度的运动会如期而至!

操场上彩旗招展,锣鼓喧天,热闹非凡。四周坐满了观众。

"2020年春季运动会现在开始,请裁判员、运动员、班级方队入场!"伴着雄壮有力的音乐,裁判员、运动员、班级方队迈着矫健的步伐陆续入场。他们的脸上洋溢着兴奋与激动;他们昂首挺胸、精神抖擞,如同威风凛凛的士兵;他们身着统一的服装,迈着整齐的步伐,随着音乐有节奏地在操场上前行。远远看去,整个操场上仿佛有条巨龙在游动,又像一支军纪严明、威武英勇的队伍在严阵以待。"请裁判员、运动员、各班级方队有序退场。比赛正式开始!"总裁判员的话音一落,运动员们纷纷跑向各自的比赛场地。

最热闹的当属赛跑场地了。在 200 米的跑道上,运动健儿们神采奕奕,摩拳擦掌、跃跃欲试。"各就各位,预—备—""啪"的一声枪响,我班的小龙如离弦的箭般冲了出去,只见他有力地挥动着胳膊,双腿轻盈,像在空中飘,他的步伐越来越快,遥遥领先!再看后面几个运动员,那腿像有千斤重,一眨眼的工夫,他们全被小龙甩在后面了。"小龙,加油!小龙,加油!"啦啦队的呐喊声此起彼伏。小龙不愧是我们班的飞毛腿。

只见他一鼓作气,直奔终点。"耶!小龙第一名!"我们班沸腾了!操场上成了欢乐的海洋。

伴着夕阳的余晖,在雄壮有力的旋律中,运动会结束了。操场上的那些激动人心的镜头如电影般在我眼前回放……

难忘的拔河比赛

李文刚

"预—备—,开始!"随着老师的一声令下,拔河比赛开始了。同学们摆好了姿势,呈"弓"字步式,这个同学的前脚顶着那个同学的后脚,身子往后倾,双手像铁钳似的,用力抓住大麻绳,使出浑身力气往后拉。只见绳中间的红带子一会偏向这边,一会偏向那边,双方互不相让。同学们的脸憋红了,仍不忘双手握紧绳子,铆足了劲向自己的方向拉。不参加比赛的人也没闲着,他们是啦啦队,是加油站。他们不停地呐喊着、鼓掌着,操场上一片欢腾。

小刚是我们班的"大力士",排在拔河队伍中的最后,压轴的。他把绳子缠在他那圆鼓鼓的肚子上,再在手上缠了几圈。他的手都拉红了,脖子也红了,用尽全身的力气向我们这边拉。由于双方实力差不多,所以僵持了好一会儿。不好,要被拉过去了,"加油,加油,加油!"啦啦队的助威声仿佛起了作用,我们瞬间来了精神。只见小刚双脚蹬地、咬紧牙,像泰山一样,稳稳地压住阵脚。渐渐地,红带子从中间慢慢地向我们这边移动,"123,加油!""123,加油!"我们终于把对方拉过来了！"耶！"我们班赢了！同学们欢呼雀跃起来！操场成了欢乐的海洋。

校园一隅

王　翔

四月的校园,春味更浓了。

老师带领我们来到操场。我站在操场中间,向东望去一片绿色,有淡绿、有深绿、有的发黄了,却还有一丝丝绿意。我们又向北走去,一种淡淡的清香飘过来。我们全班都像蜜蜂见到花一样"飞"了过去,直奔畅春园。

这就到了畅春园,院内有一排排的椅子,那香味就是从椅子边的藤萝花里飘出来的。那香味醇香扑鼻,一串串紫色的小花排在一起,像一串串葡萄。有的同学想看这个花长得什么样,站在椅子上往上望,也有同学向上跳。

这就是我们的校园。

欣赏的力量真大

刘　硕

在生活中,我们时常会得到别人的赞赏,并由此产生自尊之心、奋进之力、向上之志。我特别渴望得到别人的赞赏。

有一次,老师布置了一篇游记。游记?我一听,顿时傻眼了。虽然我不会写,但也得完成作业啊。回家后,我又是查阅书籍,又是上网搜资料,想找点灵感,却半点灵感也没有找到。我绞尽脑汁,终于写完了。我对自己的作文并不满意,反复修改了几遍,觉得还是不太好。可我就这么点本事了。第二天,玲倩对我说:"能把你的作文借我欣赏一下吗?"我慢悠悠地拿出作文,递给玲倩。"看吧,看完可别笑话我。"玲倩津津有味地看了起来,五分钟过去了。"你这个开头和结尾,多有诗意,你看看这个句子,多生动多形象……"说着,她对我竖起大拇指。我挠挠头,"真的吗?不会是逗我开心吧……"说来也怪,自从得到"班级第一写手"玲倩的赞赏后,我的作文也屡屡被老师在课堂上当作范文来读,我也因此晋级为"班级第一写手",和玲倩并驾齐驱。当老师把晋级证书颁发给我的时候,你猜,我是什么心情? 简直和得了诺贝尔文学奖一样高兴!

这就是欣赏的力量!

小课程,大美育。通过以美育人塑造学生美好心灵,有助于提高学生的综合素质。

第十章
劳动课程的构建与实施

　　习总书记在全国教育大会上强调,要在学生中弘扬劳动精神,教育引导学生崇尚劳动、尊重劳动,懂得劳动最光荣、劳动最崇高、劳动最伟大、劳动最美丽的道理,长大后能够辛勤劳动、诚实劳动、创造性劳动。劳动创造世界,勤勉传承美德。我班秉承"以劳树德、以劳增智、以劳强体、以劳育美、以劳创新"的课程育人理念,以"合格值日生—家务小能手—小小美食家—科技小发明"为课程载体,积极探索劳动教育的新路径,聚焦劳动之美,弘扬劳动精神,培养良好的劳动态度和习惯,让学生拥有幸福生活的能力。

　　除落实好每周一节的劳动教育外,我班每天都有劳动任务,劳动教育常态化。

一、做合格的值日生

　　在我班,值日生是个广义的概念,不限于扫地、拖地,还包括整理书包、桌椅、班级图书角、卫生角,擦黑板、窗台,浇花,收发作业,负责课前读书,护送路队等。做好这些事都有一定的标准,通过做好这些班务,养成做事认真、有条理、高效的习惯。

　　热爱劳动,从做好值日生开始。作为一名学生,在班级里,他要做的第一件事就是要履行值日生的职责,为班级良好的环境尽一份力。那么如何当好值日生？扫地、拖地、整理桌椅等看似简单，实则不然。这些学生养尊处优，在家里几乎什么都不干，也不会干。为了帮助每一个学生养成良好的劳动习惯，我班实行岗位责任制、岗位轮流制。劳动岗位在学期初就定好。岗位明确，责任明确，确保事事有人管，人人有事干，全员参与班级管理。一年级需要家长协同，我会给家长写一封信，让家长协助孩子选岗，然后让家长在家里就开始培养孩子的岗位意识。

以下为我写给一年级家长的信。

我是班级"小主人"

家长朋友们：

班级是我家，发展靠大家。为了培育孩子的责任心和主人翁意识，培养其自理和自立能力，本学期班级管理采取岗位责任制，遵循"量力而行，全员参与，家长协同"的原则，力争"人人有事做，人人都会做"，从而推动班级又快又好地发展。

班级管理设有 16 个岗位，岗位及其职责如下：

1. 课堂纪律班长：2 名。负责上课前准备、纪律、领读；中午自习课纪律，协助眼保健操管理员督促同学们做好眼保健操。

2. 课间纪律班长：4 名（2 男，2 女）。负责纪律，文明玩耍。

3. 卫生班长：1 名。负责督促检查：地面整洁、桌凳摆放、擦黑板、擦窗台等。

4. 每日值日班长：1 名。负责下午第四节课带领组员值日：扫地、排桌子、拖地、打水、整理卫生用具。

5. 学习班长：4 名。

语文 1 名，数学 1 名。负责配合任课老师课前需要做的事，收发各学习小组的作业，布置作业（老师不在时），当小老师。

艺术（音乐＋美术）1 名。道德与法制＋心理健康：1 名。负责配合任课老师课前需要做的事，收发作业。

6. 体育班长：1 名。负责体育课带队、课间操带队。

7. 路队班长：4 名（校车路队 2 名，走读 2 名）。负责整队、带队。

8. 图书管理员：1 名。负责整理书橱和书橱卫生。

10. 眼保健操管理员:1 名。负责督促同学们在下午第一节课间做眼保健操。

11. 保洁员:2 名。早晨负责擦窗台,课间操、下午上课前擦讲桌。

12. 板长:10 名(每天 2 名)。负责擦黑板。

13. 桌长:2 名(住校者报名)。负责午餐整队、领队、就餐秩序。

14. 舍长:2 名(住校者报名)。负责午休整队、领队、午休秩序。

15. 学习合作小组组长:7 名。负责课堂上合作学习,收、发作业,当小老师。

16. 小园丁:2 名。负责班级小种植的管理:浇花、松土等。

专心做好一件事是一种品质。所以,每人限报一个岗位(学习合作小组组长可以兼报),每个孩子根据自己的情况选择适合自己的岗位。若有一岗多人,就竞争上岗。岗位无大小、高低之别。忠于职守,把自己的事情做好就是班级真正的"小主人"。岗位一旦选择,试用期三个月。学期末,根据孩子履行职责情况进行评选"优秀班级小主人"。

班级是学生成长的舞台。家长朋友们,请您协助孩子选择合适的岗位,如表 10.1 所示。希望孩子在新学期更上一层楼,成为最好的自己!

表 10.1　我是班级"小主人"岗位报名表

姓　名	岗　位	理　由

以下为学生当一日班长的体验。

师徒当家

王安然

今天是我和桑薇当家。由于乘车,早晨我来到教室时,同学们基本都到齐了,桑薇告诉我:今天早上,王翔、王蕊、陈亚萱等同学负责扫地,胡佳伟、黄伟拖走廊、大厅,桑薇负责早读,老师到济南学习去了,一切都像老师在"家"一样。

上午课间操时间,张馨月和朱鑫磊同学发生了争执。原因是朱鑫磊开玩笑,说了张馨月几句,张馨月有些生气,就打了他一下,朱鑫磊就把张馨月的笔抢过去弄坏了。老师出门前千叮咛万嘱咐:"遇到什么问题,你们自己一定要想办法解决。相信大家有这个能力。"我和桑薇商量,老师不在"家",发生这么不愉快的事,必须解决,我们不能等着老师回来,这显得咱俩太没能力了。弄清原因后,我和桑薇就当起了"小法官",开始进行调解。最后他们原谅了对方,互相道歉,又和好如初了。不和谐的事情就这么解决了。

中午睡觉时,王蕊在睡前五分钟为我们讲了《精灵鼠小弟》当中的一个故事,同学们听着故事入睡了,只有冯文丽没有好好睡觉。作为惩罚,刘儒萱让她站着,并回去写了一篇检讨。

下午上数学课的时候,法佳伟不好好听课,拿着喷壶玩,还喷到了冯文丽的身上。我制止了他,还好,他克制了自己。

放学时,同学们都很安静,我们迅速站好队,高兴地回家。

坐在回家的车上,我不断地想:原来当班长这么不容易啊!又要打扫卫生,又要管纪律,还要处理同学间发生的小状况……今天我和桑薇两个人干都这么累,想必班长平时自己做这些事更辛苦!

通过岗位责任制和轮岗制,学生在不同的岗位有了不同的体验。这些劳动体验既培养了学生的合作能力、主人翁意识,又培养了他们的劳动技能和基本生活技能。

二、家务小能手

热爱劳动应从培养学生的劳动意识开始。班主任应通过和家长沟通交流的方式,转变家庭教育观念,改变家长一切包办的保姆意识,明确两个不要:不要让孩子成为"五谷不分,四体不勤"的"公主"和"王子";不要让孩子从小就成为"啃老族"。家长应教育孩子从做力所能及的家务做起,着力在"九会"上下功夫:学会清洗、学会分类、学会操作、学会服务、学会分辨、学会种植、学会做饭、学会管理、学会创作,从而培养"自己的事情自己做,家里的事情帮着做"的劳动习惯和自理自立的能力。

根据学生的年龄特点和劳动能力的大小,家务劳动的安排应体现年龄段的特点,如表10.2和表10.3所示。

在劳动时间安排上,一、二年级每天劳动不少于 10 分钟,三至六年级不少于 20 分钟。

采用"每天一做""学期一评"的方式,通过家长评价、班级微信群晒劳动成果、征文展示"技能"等途径评选班级家务"小能手"。

表 10.2 一、二年级家务劳动清单

劳动目的	劳动内容	劳动时间	家长评价
学会清洗	独立洗漱,清洗简单的小物件、水果		
学会分类	初步学会垃圾分类、工具分类		
学会操作	简单整理床铺,学习叠衣服、系鞋带,学会用削笔器削铅笔,整理书包、书桌,擦桌子、拖地		
学会服务	能在饭前摆碗筷,帮家人盛饭		
学会分辨	会辨识蔬菜的好坏,剔除蔬菜中不能吃的部分		
学会种植	学会养一盆花,自己定时浇水		
学会做饭	制作简单果盘、凉菜等		
学会管理	布置房间,整理自己的卧室,开关门锁等		
学会创作	废品二次利用,制简单用具等		

表 10.3 三至六年级家务劳动清单

劳动目的	劳动内容	劳动时间	家长评价
学会稍难清洗	清洗菜盆、洗手盆等,清洗衣帽、鞋袜等,简单清洗部分鱼类、肉类和贝类等,学会用洗衣机清洗衣服		
学会合理分类	垃圾分类成习惯,冰箱物品分类放等		
学会较难操作	每日整理床铺,主动叠衣服、系鞋带等,按季节分类放衣服,学会自己搭配穿衣,天天整理书包、书桌,随时擦桌子、拖地、擦玻璃等		
学会主动服务	坚持饭前帮家人盛饭、摆碗筷,饭后主动收拾碗筷,学会礼貌待客,帮父母照顾小弟弟、小妹妹等		

劳动目的	劳动内容	劳动时间	家长评价
学会初步分辨	初步了解蔬菜、水果的营养		
学会养绿护绿	学习养护绿植知识,学会种植绿植,能按时为家里的绿植浇水、施肥和修剪		
学会简单做饭	能炒简单的小菜,会做简单面食,能用电饭煲烧出软硬适中的米饭		
学会自我管理	学会管理时间,能按时做事;学会管理事务,做力所能及的事		
学会创意制作	学做用布、纸、塑料等制作艺术品装饰房间,废品巧利用等		

以下为学生的劳动体验,充满了创造的自豪感。

有趣的发现

于　茜

初春的清晨,微风习习,天边泛起鱼肚白。一株小小的蒜芽,在这静谧的早晨,悄悄地探出小脑袋。

"妈妈,妈妈!"一声惊喜的呐喊打破了宁静。"怎么了?"正在做早饭的妈妈边擦着手边走过来。"它……发芽了!"我高兴地连话都说不利索,只是用手指着那一株蒜苗。妈妈疑惑地看过去,笑了……

周末,老师让我回家种蒜,体验一下劳动的收获;可以种在土里,也可以种在水里。最喜欢做实验了,我把这次劳动视为一次实验。"大蒜实验"就是将大蒜种在土壤里,想办法让它发芽。

回到家里,我赶紧去种蒜。我找到一个透明的玻璃碗,到外面铲了些土放进去,倒上一些水,然后把一颗还没发芽的大蒜种了进去。虽然弄得满手是泥,但我并不在意,得意地欣赏着自己的劳动成果,静静地等着它的成长。可我这个人时常"三分钟热度",第二天就把这件事忘了。

过了几天,我无意中看到了那株蒜苗。天呐!里面的泥土都干裂了,小蒜苗也"命悬一线"。我赶紧跑去接水,来浇灌它。不好!刚才用力太猛,把一杯水都倒了进去,这下"水漫金山"了!"妈妈,它会不会涝死?""你自己观察吧,我不告诉你答案。"妈妈故意不帮我。后来,我每天都去看它,用喷壶给它浇水,细心照顾它。它终于发芽了!真是功夫不负有心人!前几天沮丧的心情一下子烟消云散。

阳光普照,微风拂面,在这明媚的春光里,我种的小蒜苗正茁壮成长。

白菜炖豆腐,我的最爱

范雨轩

妈妈做的白菜炖豆腐简直是大厨水平,我百吃不厌。班级开展"舌尖上的美味——我的拿手菜"活动,我决定向妈妈拜师,学做这道菜。

在妈妈手把手地指点下,我当起了厨师。

先把大白菜、豆腐、猪肉、葱花准备好,再把大白菜切成条,然后把豆腐切成块,把葱切成碎末。准备工作做好了,就开炒了。先把锅烧热,倒入花生油,把葱花放到油中炒一炒。然后放入猪肉翻炒,等猪肉变白了再放入大白菜翻炒。待大白菜变软了,倒入适量的水,再放入粉条、豆腐并用铲子翻一翻,加上几滴酱油,放上盐,盖上锅盖开始煮。等到粉条变软了,一道白菜炖豆腐就做好了。

我的白菜炖豆腐出锅啦。妈妈现场点评:"色相不错!翠色的白菜非常透亮;一块块白色的豆腐,方方正正的,仿佛可以垒墙;晶莹透亮的粉条浸在亮晶晶的汤水里……就算不吃,闻起味来也让人垂涎三尺,这味实在太香了。"

我轻轻地夹起一块豆腐,生怕把它弄碎,放入嘴里只觉得柔柔的、嫩嫩的、滑滑的,仿佛巧克力般丝滑。我又夹了一块,这豆腐真是入口即化呀!那白菜鲜美无比,那粉条顺滑爽口呀!我边吃边品着自己的首秀菜!

"再做几次,和你妈有一拼了",爸爸边吃边点赞。

一道菜,大快乐。不只品尝了舌尖上的美味,还收获了其乐融融的亲情。

第一次炒菜

刘 玟

看着桌子上那盘香喷喷的西红柿炒鸡蛋,我欣慰地笑了。

今天我下厨，"长官您想吃什么菜？"我笑着问妈妈。"就做你爸爸喜欢吃的西红柿炒鸡蛋吧！""收到，长官！"我边说边往厨房跑。

我准备了三个西红柿、两个鸡蛋、一根小葱和一根香菜。

我拿出一个铁盆，接满了清水，把西红柿放进盆中搓了搓。洗净后，我把盆里的水倒掉，把西红柿放在菜板上。我左手按着西红柿，右手拿着刀，将西红柿切成片状。我又先拿起事先准备好的小葱切碎放在一旁。

开始炒菜了，我先打开燃气灶，往锅里倒油，等油温高一点的时候，撒上葱花。待葱花黄了一点，我拿出鸡蛋打入碗中，轻轻搅拌均匀，然后倒入锅中，并拿起铲子炒了几下。接着，我把西红柿片倒进锅里。这时，我感觉胳膊有点疼，低头一看，原来是胳膊被油溅起了几个小红点，我疼得一蹦三尺高，妈妈走进来说："别炒了，我来炒吧！""妈妈，没事儿，我就是被油溅了几下。"我盯着菜锅开始翻炒。

空气闷热，豆大的汗珠从我脸上滑落下来，我依然坚持炒菜。最后，我加了少许盐和香菜进行调味。我关上火，将我的杰作盛在盘里端上桌子。这时，爸爸下班回来了。"长官们请品尝！"他们分别尝了一口，并向我竖起了大拇指。我也尝了一口，说："嗯，真好吃。"

果不其然，劳动最美丽！劳动最光荣！劳动最快乐！美食都是这么练出来的！

"亲子家务"感言

王宁家长

十一已结束，孩子们仍然沉浸在假期的快乐生活中。在与孩子朝夕相处的短短几日中，每每想起她在劳动中那稚嫩的身影，也莞尔，也欣慰。

早上8点："起来了，起来了，起来晚的不准吃早餐。"清脆的声音响起。闻着那糊在锅底米饭的香味，尝着那夹生的米粥，看着那吐着舌头害羞的脸，还能说些什么呢。"妈妈，原来早餐这么难做呀，我以后再也不因为吃早餐惹您生气了。"

中午1点："妈妈您看！我把所有的衣服都洗了。"她那充满成就的双眼忽闪着。看着衣领灰灰依旧,我鼓励她:"为什么不把衣领多洗两遍呢?""哦,我怎么没发现呢,再来。"她满是泡泡的小脸满着执着。不一会儿听她喊道:"哈哈,终于洗干净了。"同时,她快乐地摆出一个夸张的胜利姿势。

晚上 9:30:"妈妈,今天真快乐,但也太累了,您以前也这么累吗?""不累。""骗人吧!"呵呵……

这就是我女儿的一天——在劳动中体验辛劳,收获快乐。

平时我会督促她保质保量地完成作业,然后会让她打扫卫生,洗洗碗筷,她也会认真地做这些家务。当然,有时候也不愿意干,会讲条件。比如,带她到哪里玩,给她多少钱。

作为家长,我觉得让孩子多做一些力所能及的家务是有必要的。这对孩子的身心健康是有益的。现在的孩子没有吃过苦,应让孩子体会生活的不易,适度吃苦。

生活即教育。在劳动教育的实践中,我认识到:只有让学生在劳动教育中动手、入心,才能发挥劳动育人的最大价值功能。

三、做科技小制作

科技是第一生产力。为了培养学生的创新思维和科学素养,我班从培养科学兴趣、培养动手能力抓起(主要在周末或假期里进行)。

(一) 通过阅读《100 位科学家的中国梦》,立足科普,讲好故事

班级宣讲员讲科学家的故事,让学生了解科学家的科学精神和奉献精神。邓稼先、钱学森、袁隆平、李四光、竺可桢、屠呦呦、南仁东、黄大年、钟南山、李薇等科学家的爱国情怀和探索精神,极大地激发了学生们对科学的向往,在他们心中播下一颗科学的种子,构筑起他们成长路上的精神底色。

(二) 小组合作,查阅资料,师生一起回望新中国科技的高光时刻

把中华人民共和国成立以来的科技成果,通过说一说、抄一抄,做成手抄报,感受祖国日新月异的变化。例如,"两弹一星"奠定大国地位,"陆相成油"理论甩掉贫油"帽子",杂交水稻让亿万百姓端稳饭碗,计算机汉字激光照排技

术敲开了互联网世界的大门,载人航天实现千年飞天梦想。让学生们明白"科技兴则民族兴,科技强则国强"的道理。

(三) 动手做一做

把寻常事物融进自己的奇思妙想中,鼓励学生们大胆想象、勇于实践。

以下为学生们的奇思妙想。

夏日炎炎,都说清凉解渴冰饮料,在我看来还不如佩戴一顶能够调节温度的帽子。这款帽子的帽檐上部装有一个智能小风扇。它可根据环境湿度自动转换频率,具有太阳能和家用充电功能,既节能又便利。

生活中,总有些人因为工作的原因,需要根据工作场地的湿度更换衣服,不仅费时,还会降低工作效率。新型外套的横空出世解决了这一麻烦。这类衣服与普通衣服看似相同,但袖口处增添了两个按钮:红色升温,蓝色降温,既不会感冒还能提高效率,一举两得。

逢年过节,城市的道路上车水马龙,交通堵塞成为一种常态,汽车尾气的排放逐年增加,交通事故的发生率也在不断提高。自动保护车的出现,恰到好处地解决了上述问题。此车在相距50米以内,会自动根据声速弹出保护罩,排出气体经过过滤装置转换成无污染的气体并充满在保护罩内,使其具有防弹功能,避免车祸的发生。

自动洗碗机有上下两层抽屉和一个水槽,它是厨房必不可少的一件实用工具。如果想清除盘子里的饭渣,可以把它放进下层抽屉中。经过有洗洁精的水槽清洗之后,再转入上层抽屉进行自我烘干,防止细菌滋生。

你看,学生们的想法多么新奇!

小制作,大思维。创新是巨大的引擎,给学生们的成长插上了腾飞的翅膀。

第十一章
研学课程的构建与实施

一、研学天地宽

《中小学德育工作指南》指出:"学校组织开展研学旅行,以推进中小学生综合素质的提升。在研学旅行实施过程中,校外机构应与学校通力协作,达到学校教育目标,这是尤为重要的。"

课堂小天地,社会大课堂。根据上级教育主管部门的文件精神,我把研学旅行视为班级课程的一项重要内容。我会带领学生们走进大自然、走进社会,学习更生动的知识,提高实践和创新能力。游是知的开始,不是指简单地走走看看,而应结合我们胶州和三里河的区域特色,做到让学生"在游中有所学,在行中有所思"。我市地处三里河文化发源地、胶州大白菜的发源地,有丰厚的文化资源。

我将每周两节综合实践活动课程合并起来,作为研学时间。有了大课时的保证,学生的体验更加充分,研学活动课程实施的效果更加明显。

研学因为在校外,所以需要家长的高度配合。由班级家委会牵头,有方案和活动记录等。

要充分发挥家委会的作用。家委会要参与从组织到实施的整个过程。因此,在班级家委会人员的选定上,要采用民主制,让那些热心班级、有时间、有能力的家长组成家委会。我一般采用家委会意向单的方式进行征集。有多少人报名,就由多少人组成,不限量。

家校同心,其利断金。家委会在班级管理中有着举足轻重的作用。为了进一步提升学生们的综合素质,更好地促进班级管理,充分发挥家委会的作用,四年级二班将举行第一届家委会评选活动。第一届家委会设有五个岗位,采取自愿报名的方式,男女不限。请大家根据实际情况填好报名表。

表 11.1　四年级二班第一届家委会报名表

家长姓名	岗　位	职　责	报名岗位（打√）
	会长(1 名)	负责家委会管理工作,协助班级管理,参与学校有关活动	
	宣传委员(2 名)	负责班级活动的策划、报道与宣传	
	读书委员(2 名)	每学期组织班级开展一次读书沙龙活动	
	研学委员(2 名)	每学期组织班级开展一次校外研学活动	
	校外辅导员(10 名)(家长课堂)	每学期均会有专业特长活篆刻知识的家长走进课堂,给学生们授课(表格中注明哪个方面)	
不参加任何岗位的家长(学生姓名)		原　因	

研学内容主要包括两个部分:一是走进大自然,胶州市内的家委会统一组织,胶州市以外的家长自己组织;二是校外实践基地。

学校在高凤翰纪念馆、大沽河博物馆、付家村桃园、丁家庄蔬菜大棚等地建立了校外实践基地。我会在学期初制订活动计划,利用校外实践基地,联合家委会开展"游桃园、葡萄采摘、参观高凤翰纪念馆、参观大沽河博物馆、走进胶州大白菜基地"等系列活动,通过考察、访问、调查、收集资料等实践活动,带领学生们接触社会、了解社会,在体验中获得最朴素、最真挚的情感。同时,我会把劳动实践、劳动技术、社区服务、社会实践等综合实践活动课程的内容有机融合在一起,把研究性学习始终贯穿于整个实践活动之中,实现"教学做合一",如表 11.2 所示。

表11.2 仁贤班研学课程

时 间	内 容	目 标	课 时
3月	游桃园	感受自然之美,培养吃苦精神和合作精神	4
5月	参观高凤翰故居	了解家乡名人,培养热爱家乡的感情	4
7月	葡萄园采摘	了解葡萄文化,体会劳动艰辛	4
10月	参观大沽河博物馆	了解胶州历史,培养热爱家乡的感情	4
11月	走进胶州大白菜基地	了解"胶白"文化,培养热爱家乡的感情	4

在充分利用地处三里河文化遗址、莒介两国旧都遗址和高凤翰故居、胶州大白菜发源地的地域优势的基础上,我确定了"传承三里河文化"的班级研究主题,围绕这一主题开展了"三里河文化的由来、三里河的风土人情、走近高凤翰、三里河文人贤士、胶州大白菜"等系列实践活动。学生通过调查、访问、实地考察、实地拍摄、绘画粘贴、查找资料,搜集到了他们所需的材料,通过研究报告、活动作品展示、成果汇报课等形式展示交流了他们研究的成果。丰硕的研究成果,为开发学校校本课程提供了课程资源,为此,我主持开发了"我和源源学国学"系列校本课程。该课程在2017年青岛市中小学精品校本课程评选活动中被评选为精品课程。

二、研学体悟深

桃花盛开时,我们步行去付家村桃园研学,既让学生们欣赏了桃园,受到美的感染,又体会到"跋涉"之辛苦,锻炼了学生们的毅力和吃苦精神,培养了他们的合作精神等。

以下为学生们的研学感受。

步行桃花居

王梦晓

今天我们全班一起去付家村赏桃花。

上午9:30,我们举着小红旗,唱着班歌,雄赳赳、气昂昂地从学校出发。路边的风景吸引了我,醉人的桃花在微风里,她依旧那样含笑迷人。白色的桃花洁白如玉，粉色的桃花粉如绽放的杜鹃，鸟儿在舒展着翅膀，花儿斗艳，风舞花飞柳依依的合欢就要来临，世界变得如童话般美丽。但当走到一半的时候，有的同学就坚持不住了。作为领队的我，坚持着在旁边鼓励着同学们。大家又唱起了班歌《隐形的翅膀》，可能是这首歌激励着大家，当到达目的地时，同学们惊讶于自己竟然有这么大的毅力。

大约12点，我们开饭了。爸爸去打水，高嘉旎的妈妈在一旁忙着洗蛤蜊，我、李佳臻、李晨、刘儒萱、胡雪娜和高嘉旎开始收拾吃饭的地方。首先，铺上一块餐布，然后把自己从家里带来的食物摆在了餐布上。这时爸爸打水回来了，阿姨也把蛤蜊洗好了。于是，我们开始搭建放锅的地方，先找来一些较大的石头，摆成了一个正方形，把锅放上，把蛤蜊放在锅里，并加了适量的、水和盐便开始煮了。烟不断地往外冒，我们屏住了呼吸，过了一会，蛤蜊熟了。我们小心翼翼地把锅端到餐布上。陈老师今天受伤了，坐在那里不敢动，只能看着我们干这干那。我们做好后，都争着让老师"鉴定"成果，陈老师的"餐桌"前摆满了美味，她像个美食家一样，直夸我们手艺得。

午饭过后，我们又玩起了词语接龙游戏，是王霄的妈妈带我们玩的。我们围坐一圈，讲好规则后，从崔晓轩开始，儿子—子孙—孙女……；鸡蛋—蛋黄—黄色—色调……一轮又一轮，好玩极了。

该回家了，我们恋恋不舍地离开了桃园。在回学校的路上，陈老师和于遥的身体较弱，走不动了，于是，朱鑫磊和王记决定留下照顾她们。只见朱鑫磊像个保镖，她一手扶着陈老师，一手给陈老师扇风，尽可能地让陈老师凉快些。家长们则带领我们先回学校。

走了两个小时的路程，我们终于回到了学校，同学们累得不行了。这次游学，我们如同体会了25 000里长征的艰难。不过，我们比先辈们的条件好多了。他们前面有敌人，后面有追兵；我们前后都很安全。而且他们要走25 000里呀，我们才走20多里路而已。先苦后甜嘛！

特别的一堂课

张荣君

盼望着，盼望着，终于来到了艾小虎训练基地。一来到基地，就看到几位教练身穿军绿色的迷彩服，昂首挺胸，英姿飒爽，真有几分军人的气概！同学们兴高采烈，欣赏着艾小虎训练基地树木葱茏、山清水秀的美丽景色，对今天的研学之旅充满了好奇。

我们被教练领到了不同的场地。首先映入我们眼帘的是八块摆放整齐的木板，木板两侧拴着绿绳，这是什么呀？同学们都十分好奇。"这叫轨道电车"，教练解释道，"每个同学站在踏板上，把绳子缠绕在手上，依靠你们的协调配合，踩着木板，走得快的队获胜。"同学们摩拳擦掌、跃跃欲试，期待着比赛的到来。

大家信心满满地开始练习，努力寻求步调一致，保持统一。可是，六个人要整齐划一地前进，比我们想的要困难得多。有的同学抬得快，有的同学抬得慢，木板总是被压在地上，我们竟然一步也没有前进。经过一次次的尝试和协调，我们配合得越来越默契，齐声喊着"121,121"，六个人如同一个人，踏着节奏，奔驰如飞，我们快步向终点迈去。众人拾柴火焰高，通过这个游戏，我们不仅收获了友情，更懂得了合作的重要性。

在场地的中央，有一些网格，网格中央有几瓶水，你会怎样拿到水呢？教练说："这是'雷区取水'的游戏。"我和同学们尝试自己去取水，发现根本取不到，一次次在"雷区阵亡"。我们朝着教练喊道："教练，这是不可能完成的任务。"教练笑着说："小组合作试试看。"在教练的指导下，我们小组成员分工明确，用尽全力抓住取水的同学，取水的同学完全信任小组成员，尽可能倾斜身体使劲伸手去取水。耶！我们竟然完成了"不可能完成"的任务，太好玩、太刺激了。

接下来，我们又参加了许多有意思的活动，如珠行万里、杯子舞、打枪、射箭，玩得不亦乐乎。

夕阳西下，落日的余晖洒在一张张笑脸上。同学们一起拍了集体照，把这快乐的一刻定格下来，留作美好的回忆。这次研学之旅，我们收获了友情，学会了合作,懂得了勇敢,真是特别的一堂课!

例如:葡萄熟了,暑假里,我们走进葡萄园:家长和孩子一起活动,通过"摘—品—问—诵",不仅了解了葡萄文化,开阔了视野,体会到葡萄农民的辛苦,而且增进了家长间、同学间的感情,增强了班级的凝聚力,拉近了亲子关系。这也是班本课程"人与社会"—亲子研学课程的一个专题。这次研学活动,不仅丰富了学生的暑假生活,让他们能够在实践体验中感悟生活的美好,还促进了家校合作。

以下为部分同学的感言。

葡萄园真大,一眼望不到。园里有巨峰、玫瑰香和夏黑。巨峰大,没有种子,果肉晶莹透亮,像珍珠一样,酸中带甜。玫瑰香和夏黑长得小,味道特别好,甜津津的。

孙　婷

原来葡萄是这样长的呀!它的枝干是褐色的,葡萄藤缠绕在水泥杆上,叶子和法桐树叶子很相似,葡萄一嘟噜一嘟噜的,有紫色,有绿色,都穿着白色的"外套"。葡萄园主人介绍说,这是为了吸收阳光,增加甜度。

时琳琳

葡萄园建在大棚里面,那大棚好热呀!我一进去,感觉像蒸笼一样,浑身直冒汗。"葡萄园的主人天天在大棚里干活,多辛苦啊!"我对爸爸说。"是啊,所以你摘葡萄的时候要格外小心,不要弄坏了葡萄藤。"爸爸说。我看见爸爸的脸像洗了一样,衫都湿透了,热得直喘粗气。爸爸有点胖,很怕热,但是为了陪我一起来,他说能受得了。谢谢爸爸!

王林峰

这次亲子采摘活动很有意义。孩子平时只知道吃葡萄,却不知葡萄从何而来。通过这次活动不仅让孩子对葡萄文化有了了解,而且体会到"粒粒皆辛苦"的不易。

刘崇宇家长

虽然天气很热，但孩子们很快乐，他们在"摘—品—问—诵"的过程中，体验采摘之乐。这样的活动对培养孩子的吃苦精神和实践能力很有帮助。

蔡玉峰家长

例如，参观高凤翰故居后，学生们不仅对高凤翰其人其事有了进一步的了解，而且增强了对家乡的热爱之情。

以下为学生们的观后感。

高凤翰，字西园，号南村、南阜，自号"后尚左手"，扬州八怪之一，清代书画家。他擅长诗文、书法、绘画、篆刻。他是我们三里河人的骄傲，是我最崇拜的人。

早在书本中就知道了这个伟大的名字。今天参观高凤翰故居，仿佛走进那段历史。石鳌馆、春草堂、北堂、竹西亭、南斋、南斋池……漫步古老的院中，看着那些书法、绘画，还有那些历史文物，仿佛看到那位多才多艺的书画家。55岁时，高凤翰右手病残。此后余生，他凭着惊人的毅力，改用左手舞文弄墨；其作品生动、富于妙趣，为后人称道。我无法想象，一个大半生用惯了右手的人，要付出多大的努力！

馆的中心赫然矗立着一尊高凤翰的雕像，他深思高举、洁白清忠。驻足像前，敬仰之情油然而生。"天池画鱼不画水，笔端自信有波澜。也似边生画秋雁，墨痕断处已生烟。"不由得想起他的《题芦雁》。这首诗不正是他对数十年艺术追求的经验总结吗？艺术的真谛在于在不断的追求中力求达到炉火纯青的境界。想着，走着，我突然明白了什么。

最美是乌镇

宋俊萱

我领略过泰山的雄伟，目睹过黄果树瀑布的壮观……但在我眼里，最美的是乌镇。

来到乌镇风景区，首先映入眼帘的是绿树成荫的小道。沿着小道向前走，有一条河从东向西横穿而过，河对面是一座高大的歌剧院。河里的数条小鱼在快乐地嬉戏,让人们情不自禁地想去投喂。

沿着河上小桥向北走,便到了一个古色古香的染布坊。只见高大的晒布架拔地而起,上面琳琅满目的花布颜色质朴而不失高雅,看得我眼花缭乱。这些布都由手工织成,连上面的花纹都是印上的。我在这些高大的晒布架下转来转去,不知不觉间就进了一间印花坊。只见一位老者正熟练地在布上制作印花。他先把有镂空花纹的木片放在布上,随后倒上石膏,把多余部分刮去,等石膏干后将其去除,一段印有印花的布就完成了。我颇有兴趣地尝试了一番,亲手体验了制作印花的感觉。虽然不太好看,但很有意思。

参观完了布坊,我向东步行来到了花海。"哇,这真美!"我惊叹不已。只见这里花团锦簇、姹紫嫣红,红得像火,白的像雪,粉的像霞,真是美不胜收。小蜜蜂正忙着采集花蜜,蝴蝶在花丛中翩翩起舞,人们则在这儿拍照留念。"辞别"了花海,我又游览了水剧场、小吃街等景点。天渐渐黑了,我坐上乌篷船返回,水面上微风拂面,水波不兴。万家灯火,星星眨着眼睛,夜幕下的乌镇显得愈加美丽。船身轻摇,合着远处悠扬的笛声,我不由得想起鲁迅当年与伙伴一起坐着乌篷船看社戏的场景。

天下美景多,最美是乌镇!朋友,你还在等什么?快来看看吧!

读万卷书,行万里路。我们的祖国山河壮丽,每一处风光都是鲜活的教材。研学课程,不仅拓展了学生的活动空间和学习场域,还充分发挥了综合实践课程在立德树人方面的育人效果。

第十二章
"三力"班本课程评价

　　评价如向导，具有"牵一发而动全身"之效。有什么样的教育评价就会有什么样的学生样态。基础教育的终极目标是培养学生健康的身、聪明的脑、美丽的心。基于学生核心素养与关键能力的培养，我班以"仁贤"文化教育为统领，以培养有情义、有自信、有梦想、有智慧、有担当、有毅力、有情趣的时代新人为育人目标，秉承"全面发展绽放个性，只要成长就是优秀"的评价理念，确立了"以评促发展，以评提素养"的思路，从"仁贤品行""仁贤学习""仁贤才艺"三个方面构建了潜力、学力、活力的"三力"评价体系。"三力"评价的实施为提升学生人文、科学、身心、艺术、实践五大核心素养提供了有力的保障，极大地促进了学生的全面发展和个性发展。

一、"三力"班本课程评价的内涵

　　老子说："天下难事，必作于易；天下大事，必作于细。"的确，细节成就教育的美丽，影响学生的终身发展。"三力"评价是一种关注学生动态发展和生态成长的生命质量评价方式，从培养学生的潜力、学力、活力三个方面全面评价学生的成长状态，为提升学生的核心素养建立合宜的生命成长质量指标体系。它立足于学生的差异，着眼于学生日常的行为习惯和学习习惯的养成，关注生命体验，使学生将每一个不经意的细节化作美好的生命品质，存储在自己的生命银行，成为最好的自己。

　　"三力"评价分别从品行、学习、才艺三个方面对学生生命成长质量进行评价。采用模块式积分方式,总分 100 分,其中品行占 40%,学习占 40%,才艺占 20%。将这三个方面累计起来,总分 80～89 分为"尚德仁仁"奖,90～94 分为"睿智贤贤"奖,95～100 分为"至美美美"奖。这样既关注了学生的全面发展,又促进了学生的个性发展和持续发展。为进一步激励学生"每天进步一点点",不仅设计了成长币;还设计了吉祥物仁仁、贤贤、美美。仁仁代表德育,贤贤代表智育,美美代表美育。将育人目标分解细化,以三个吉祥物分担不同的使命,让"争当三娃"成为学生成长的动力。其中,"仁贤才艺"中的"活动成果"一项按照国家、省、市、校、班等级别分别按 5 分、4 分、3 分、2 分、1 分,如表12.1 所示。

表 12.1　仁贤班生命成长质量评价

评价项目	评价内容	评价标准	每月积分					合计(平均分)	学期总分100分	生命成长质量评价		
			月	月	月	月	月			"尚德仁仁"奖 80～89分	"睿智贤贤"奖 90～94分	"至美美美"奖 95～100分
仁贤品行(潜力)40分	行为习惯	10										
	志愿服务	10										
	家务劳动	10										
	社会实践	10										
仁贤学习(学习力)40分	学习习惯	学会倾听	2									
		学会表达	2									
		热爱读书	5									
		端正写字	5									
		乐于写作	2									
		善于思考	5									

续表

评价项目	评价内容		评价标准	每月积分					合计（平均分）	学期总分100分	生命成长质量评价		
				月	月	月	月	月			"尚德仁仁"奖80～89分	"睿智贤贤"奖90～94分	"至美美美"奖95～100分
		勇于展示	5										
	质量检测	平日检测	4										
		期末检测	10										
仁贤才艺（活力）20分	积极参加		5										
	学会合作		5										
	活动展示		5										
	活动成果		5										

二、"三力"班本课程评价的实施

成立"仁贤银行"。根据学生的日常成长,发放相应的积分。学生将所获积分"存"到自己的"仁贤银行"存折里,体验成长的快乐。

（一）实行三级管理

"仁贤银行"由"总行"和"分行"组成。其中"总行"设在班委会,由学习班长、纪律班长、卫生班长、宣传班长、体育班长、艺术班长组成。班主任任"总行长",负责指导和督促银行的日常工作。各班长任"副总行长",负责各自"管辖"的具体工作的评价与总结。"分行"指各四人合作小组,小组长任"分行长",负责小组内组员分值的登记。设立"银督员"一名,由认真负责的学生担任,负责监督各个小组分值的真实性。设立"统计员"四五名,负责将各个小组的分值统计在"银行存折"上。设立"出纳员"一名,负责成长币的兑换工作。

（二）巧用成长币

成长币的币种有 1 元、5 元、10 元、50 元、100 元面额。100 行为（良好操行）分 =1 元成长币。成长币在班内流通，学生把虚拟图画、实物评价折算成积分，积分兑换成长币，成长币按照当时的兑换汇率，可以到班级"仁贤银行总行"根据自己成长币的数量选择相应的奖励：如担任班级形象大使、选择自己喜欢的同桌、当一次班干部、同老师合影、调位优先、去图书馆借书、做学校志愿者、做班级义务值日生、给老师做助理、让老师给家长写表扬信免作业。

三、"三力"班本课程评价的效果

（一）"仁贤品行"评价促规范

立德树人是教育的第一要义。我班将德育评价放在学生的生命成长质量考察的首位。以《中小学生守则》和《中小学生日常行为规范》为基本内容，以"仁贤"班本课程为载体，引导学生养成良好的行为习惯，形成健康、文明的班级文化。

"分行长"主要依据学生在文明礼仪、课间活动、上放学路队、环境卫生、午餐、午休、节水节电、上下楼梯、助人为乐、家务劳动、社会实践等行为规范和道德方面的好事的程度核算相应的积分，然后把积分储存在"存折"里。"存"的同时，也可以"取""贷"。"储户"如需帮助可向所在分行的"分行长"提出申请，"分行行长"根据"储户"信息安排所辖"储户"向学生"仁贤银行"申请，为其提供服务或帮助。表现好的行为分"＋"；违反校规校纪的行为分"－"，如表 12.2 所示。

表 12.2　仁贤班品行银行存款分值细则

项　　目	存款细则	分　值
文明礼仪	1. 见到老师、同学、外校老师应主动问好	1 分
	2. 微笑待人，热情大方	1 分
	3. 学会用礼貌用语	1 分
	4. 学会用不同的音量说话	1 分

续表

项　目	存款细则	分　值
文明就餐	1. 自觉主动排队,不推不挤,安静有序打饭	1分
	2. 就餐不说话、不打闹、不挑食、不剩饭	1分
	3. 进出餐厅安静有序,主动将自己的餐具摆放好,轻拿轻放	1分
路队秩序	1. 快速、有序、安静地走出教室	1分
	2. 认真倾听体育委员口号,不拥挤、不打闹、不说话	1分
	3. 快、静、齐走下楼梯,靠右行走	1分
	4. 见到老师主动问好	1分
课间活动	1. 文明有序课间活动,不在走廊、楼道内追逐打闹	1分
	2. 主动提醒和监督不文明的课间行为	1分
	3. 不在教室内大喊大叫、拍打桌椅等	1分
	4. 不到危险的地段玩耍	1分
环境卫生	1. 桌面干净整洁,桌洞无杂物,桌子四周无纸屑等	1分
	2. 不乱扔物品、纸屑、果皮等,不随意乱涂乱画等	1分
	3. 讲究个人卫生,常洗澡,剪指甲,保持校服整洁	1分
	4. 主动维护学校和班级卫生,主动捡拾垃圾,保护校园环境	1分
午休纪律	1. 午休铃声结束之前进入宿舍	1分
	2. 安静午休,不交头接耳,不打闹	1分
	3. 进出宿舍安静有序	1分
	4. 床铺整洁	1分
节水节电	1. 节约用电,随手关灯	1分
	2. 用完水,及时拧紧水龙头,见到滴水的水龙头,及时拧紧	1分
上下楼梯	1. 上下楼梯时轻声慢步,不打闹,靠右行	1分
	2. 遇到同时下楼的班级或学生主动避让	1分
	3. 不骑跨栏杆、扶手等	1分
	4. 不勾肩搭背,不多人并行下楼梯	1分
家务劳动	每周帮父母做力所能及的家务	1分
社会实践	积极参加班级、学校组织的各项实践活动	1分
仁贤公益	积极参加公益活动	1分

表 12.3 "仁贤分行"积分明细

项目 姓名	行为习惯							附加	总分
	课间 活动	上学、放 学路队	环境 卫生	午餐	午休	节水 节电	上下 楼梯		

"教育就是习惯的培养。"小学阶段是童蒙养正时期。所以,我班实行好习惯养成过关制,每月提出一两个好习惯,每天自评,每周家长和同学评,每月按人验收,并评选表彰"好习惯养成示范分行""示范标兵"。"总行"每月给予各"分行"50元资金,各"分行行长"可奖励其优秀的"员工"。学期末,根据个人积分,评选尚德仁仁奖、睿智贤贤奖、至美美美奖;各"分行"推荐一名仁贤之星参加总行的"仁贤小达人";根据"分行""业绩"评选"最美成长分行"集体奖。习惯评价内容因年级而异,如表12.4至表12.8所示。

表 12.4 一年级习惯评价内容

项 目	内 容
学习习惯	1. 按时完成作业;2. 养成正确的读书写字姿势,做到"三个一";3. 能阅读拼音小故事
生活习惯	1. 每晚准备好第二天的学习用品;2. 早睡早起;3. 按时吃饭,不吃零食,爱惜粮食;4. 爱护书本,爱惜学习用品;5. 自己穿衣服、系鞋带
交友习惯	1. 同学之间友好相处,不打架、不骂人;2. 乐于帮助同学;3. 不与陌生人交往
健康习惯	1. 早晚刷牙;2. 饭前便后要洗手 3. 不买小摊食品;4. 按时做两操
行为习惯	1. 见到老师和客人主动问好;2. 不乱扔果皮纸屑;3. 公共场合不大声喧哗
其他习惯	对他人的帮助要心存感激

表 12.5　二年级习惯评价内容

项　目	内　容
学习习惯	1. 每天预习半小时；2. 独立完成作业；3. 认真听讲；4. 自觉阅读课外书
生活习惯	1. 自己的事情自己做；2. 吃饭不挑食；3. 早睡早起
交友习惯	1. 不与陌生人交往；2. 不欺负比自己弱小的同学；3. 同学间要相互帮助
健康习惯	1. 早晚刷牙；2. 饭前便后要洗手；3. 不买小摊食品；4. 每天锻炼身体一小时
行为习惯	1. 用礼貌用语；2. 按顺序上下车；3. 爱护花草树木
其他习惯	1. 学会感恩；2. 随手关灯和水龙头

表 12.6　三年级习惯评价内容

项　目	内　容
学习习惯	1. 每天预习；2. 独立学习和思考问题；3. 阅读课外书；4. 作业干净整洁
生活习惯	1. 自己的事情自己做；2. 合理安排时间；3. 不吃零食
交友习惯	1. 能学到身边朋友的优点；2. 远离品行恶劣的人；3. 主动帮助有困难的人
健康习惯	1. 勤洗澡、勤换衣；2. 每天坚持锻炼身体；3. 有良好的用眼习惯
行为习惯	1. 主动排队上下车；2. 爱护花草树木；3. 用文明语言和别人交谈
其他习惯	1. 养成节约的良好习惯；2. 孝敬父母

表 12.7　四年级习惯评价内容

项　目	内　容
学习习惯	1. 自主学习；2. 积极思考；3. 每天预习复习；4. 作业干净整洁并且正确率要高
生活习惯	1. 自己的事情自己做；2. 合理有效安排时间；3. 不吃零食，不买三无食品
交友习惯	1. 尊重他人；2. 真诚待人；3. 分辨是非；4. 不与品行恶劣的人交友
健康习惯	1. 衣服干净整洁；2. 每天锻炼不少于一小时；3. 有良好的心理素质
行为习惯	1. 自觉遵守公共秩序；2. 用文明语言和行为与他人交往
其他习惯	1. 爱家人、爱同学、爱学校；2. 为父母及家人做一些力所能及的事情

表 12.8　五、六年级习惯评价内容

项　目	内　容
学习习惯	1. 自主学习；2. 积极独立思考；3. 每天预习、复习；4. 有自己的独立见解；5. 阅读科普读物与文学作品
生活习惯	1. 合理有效安排时间；2. 有良好的生活习惯；3. 不去网吧、酒吧；4. 不买小摊贩的食品与用品
交友习惯	1. 热情大方；2. 友好真诚；3. 与积极健康的人做朋友；4. 关心帮助朋友
健康习惯	1. 干干净净每一天；2. 每天坚持锻炼；3. 用积极健康的心态对待生活与学习
行为习惯	1. 自觉维护公共秩序；2. 用文明语言和行为与他人交往；3. 与外宾交往时要自然大方
其他习惯	1. 感恩他人、感恩社会；2. 积极参加公益活动

(二)"仁贤学习"评价夯基础——提高学习力

课堂教学是提升学生核心素养的主要途径。学校将课程方案中所有学科列为考评范围。我班在学校考评的基础上，将所有的学科考试成绩兑换成成长币。同时，对于基础型课程，会根据学科特点采用不同的考评方式。例如语文学科，将平时阅读、写字纳入考评；数学将天天口算纳入考评；英语将英语模仿秀纳入考评。这些单项考评，都有任课老师协助副行长完成。除了成绩评价外，还从课堂听讲、发言、守纪、作业、小组合作、每日一读、亲子共读等方面对学生的学习习惯、学习态度等进行考评。

所有考评均已成长积分的形式呈现。每一款细则又可细化，如表 12.9 所示。

表 12.9　"仁贤学习""银行存款"分值细则

项　目	存款细则	分　值
学习习惯	学会倾听	1分
	学会表达	1分
	热爱读书	5分
	端正写字	1分
	乐于写作	1分

续表

项 目	存款细则	分 值
	善于思考	1分
	勇于展示	1分
质量检测	平日检测	按 A、B、C、D 等级,分别是 5、3、1、0 分
	期末检测	按 A、B、C、D 等级,分别是 10、8、6、1 分
备 注	考试采用晋级制,每晋一级,奖 10 分;读书习惯的培养最难,故分值偏高	

任课老师协助"副行长"做好评价反馈记录,每周一总结。班主任将各科情况进行汇总,每月一评价,学期末进行总评。

(三)"仁贤才艺"评价展风采——提高潜力

学生个体之间存在差异,为培养学生们的兴趣,发展他们的特长,除了号召他们参加学校的社团外,我班还成立书法、下棋、小记者、吟诵、读书、劳动等社团,按照班级、校级、市级、省级、国家级等不同级别,对学生们参加的不同才艺展示活动进行积分评价,分值分别是 1、2、3、4、5 分;并于学期末联合家委会进行"仁贤才艺之星"活动的评选。

除了社团评选外,学生日常在某个方面表现突出也属于才艺评选的范畴,如优秀值日生、纪律之星、爱心天使、超级演说家、英语模仿秀、数学小王子、故事大王、读书小达人、诵读之星、班级广播员、班级"百灵鸟"、舞蹈之星、小小书法家、运动小达人、劳动小能手。这些单项奖的评选活动,推动了学生的个性发展和长远发展。

(四)"三力"评价意义大

班主任应用"多把尺子"衡量学生。让少数的优秀变成多数。如果仅用分数这把尺子来衡量学生,那无疑是偏狭的,不利于学生的个性发展和长远发展。

"三力"评价逐步实现从"评价学生'是什么样的人'"到"引领学生'成为怎样的人'"的理念与实践转变,促进了学生的全面发展和个性成长。"三力"评价体系中,学力评价侧重"头脑科学",重点关注学生学习中必须具备的基础知识和关键能力;活力评价侧重"身手劳工",重点监测学生身心健康情况,关注其在各个生活场景中的精气神;潜力评价注重参与、选择和激发,让学生意识到自己未来发展的可能、可塑、可为的空间。另外,我班还创设了"主题情境表现性评价"。此评价作为终结性评价,贯穿于"三力评价"之中,综合考查学生运用多学科知识解决真实问题的能力、团队合作能力、高级思维能力以及非智力因素发展情况。"三力"评价提高了学生的幸福感。

"仁贤银行"如学生成长的明细表,它不仅再现了学生生命在那年那月那日的真实状态,更重要的是,透过成长的足迹,他们在一路前行中看见了最好的自己。"仁贤"评价改变了传统的学期末评优的方式,不只是结果的奖励,而是整个教育过程的动态激励,引导学生从小进步走向大收获,从小成绩走向大成功,让学生在不同阶段受到激励。它具有全面性、即时行性、过程性、发展性,涵盖了学生活动的各个方面,能及时地给予学生积极、公正、公平的评价,使学生体验到进步与成长的快乐。

"三力"评价增强了育人合力。微善评价需要学科之间、教师之间、教师与家长之间相互联系,密切配合,共同关注学生的成长。这无疑促进了学科之间、教师之间、教师与家长之间的沟通与交流,有利于及时发现问题,携手解决学生在思想和行为上的不足,从而促进学生均衡发展。同时,"仁贤"评价改变了"唯分数至上"的"孤岛"评价现象,从不同方面全方位地对学生进行评价,对学生的评价更加客观、全面。

"班主任是最平凡的教育者,是幼小心田的播种者、童蒙养正的奠基者、良好习惯的塑造者,目标理想的引导者。"诚如万平老师所说:"我将努力做一名播种幸福的班主任,以自己的努力使我的每一个学生都获得益处,从而对他的一生都产生积极的影响……"

后 记

有人说,梦想有多大,舞台就有多大,事业就有多大。我很认同这句话。

曾经有过这样的梦想:梦想以诗意的文字谱写人生的乐章,为燃烧的青春倾情歌唱;用博大的师爱点亮孩子的心房,为求知的眼睛打开世界的天窗;用智慧的锦囊为孩子的成长插上腾飞的翅膀!带着这样的梦想,我走上了讲台,开始了我的职业生涯。

"国运兴衰系于教育""强国必先强教"这些耳熟能详的话语如同洪钟叩击着我的心灵,时时警醒我、鞭策我,牵引我不断前行。课堂成了我放飞梦想、生产快乐的地方,学生成了我幸福的源泉。

相对于其他职业,教师这个职业过于平淡。我常常在梦想与现实中纠结、郁闷、彷徨、挣扎。我不知自己将走向何方。日复一日,我的精神家园凋敝荒芜,我的心变得漠然、倦怠、麻木。教学沦为了我生存的工具。

十年前,我来到三里河小学。凝心聚力的领导班子、和谐融洽的团队、爱岗敬业的教师,给我的内心带来了一次又一次的震撼!只要怀抱梦想,梦想就会在这里落地生根,开花、结果。特别是学校的老教师,教坛耕耘数十载,银丝点点染华发。桃李天下绽放,脚步依旧匆匆。他们虽然早已年过半百,却像年轻人一样,老当益壮,勇挑重担,仍忘我地工作在教学一线。讲台上,他们授业解惑,点石成金,把学生当成自己的最爱;生活中,他们不追名逐利,从不期待回报,从不计较个人得失。高山无语,深水不波。他们用行动践行着本色人生,在平凡的岗位上演绎着人生的不平凡。因为有爱,他们成了学生的最爱。"让学生快乐成长,在赏识中走向成功。"不是一句响亮的口号,而是一种自觉的行动。他们相互欣赏、相互合作、相互分享、相互感动,累并成长着,成长并快乐着,幸福洋溢在每个人的脸上。

融入其中,我被深深地感动并感染了。昔日那颗慵懒的心蓦地温润起来。一种久违的情感袭上心头。苏霍姆林斯基说:"教育要培养幸福的人。"是啊,有幸福的教师才能培养出幸福的学生,我的心骤然明朗起来。告别过去的倦怠,重新打捞起那夭折的梦想,我开始了人生的美丽转身:不再为外物所役所惑,不再以物喜以己悲。我沉下心来,潜心修炼,聚集课堂,教室又成了我和学生共享生命的舞台。学生点点滴滴的进步成了我骄傲的资本,他们的感恩让我心潮澎湃!节日里,一条条承载祝福的短信,一张张别出心裁的感恩卡,总会像一位故人如期而至。这样的礼物虽然没有醇美的茅台酒那么昂贵,也没有清香的龙井茶那么闻名,更没有夺目的黄金那么诱人,可是,世上有什么比真情更重要呢?这里面没有虚假的寒暄,没有矫情的恭维,更没有叵测的险恶用心,它是一条让人与人更加和谐的"绿色通道"。

教师的确是一种极为普通的职业。作为一名班主任,我整日埋首于琐碎中,或许它永远不会有"惊鸿一瞥"的燃,更没有门庭若市的繁华,香车宝马的相伴,玉盘珍馐的萦绕,可它永远不会品尝人走茶凉的落寞与悲凉。无论时空怎么转变,常常在某年某月被许多学生或家长提起,这里一件多么了不起的事啊!能被人记得不也是一种幸福吗?

做一个幸福的班主任是妙不可言的。我每天穿梭在校园里,行走在学生的心灵中,那些波澜不惊的日子在爱的传递中汇成一条幸福的小河。

感谢学校唤醒了我沉睡的心灵!绽放自我,活出美好。感谢胶州市向阳小学校长王书友和胶州三里河小学校长徐明森不遗余力的支持,感谢同事们的真诚帮助,感谢家人和朋友们的理解和关爱,感谢一届又一届学生的成全与成就,感谢一届又一届家长的密切配合……

感动,感恩。

怀着一颗感恩的心,我会坚守梦想,张开前行的双翼,和梦想一起飞!

仰望天空,求索不息,直到把梦想做到巅峰为止!

谨以此书送给我的学生们,也送给自己,激励我在教育征途上继续逐梦前行!

陈宏芝

2020 年 2 月